KB058587

진심은 감추고
본심은 읽어라

일러두기

원서의 'emotion'이라는 영어 단어를, 문맥에 따라 정서 혹은 감정이라는 말로 번역했다.

진심은 감추고

백 마디 말보다
강력한 신체언어의
기술

본심은 읽어라

카시아 베조스키
패트릭 베조스키 지음
이경남 옮김

Without
Saying a Word

알에이치코리아

성공을 좌우하는 신체언어

몇 해 전, 우리는 비엔나에서 열리는 스타트업 창업 경연대회에 초청받았다. 2,500명의 첨단 분야 창업가들이 겨루는 대회의 주최 측은 우리에게 경연 결과를 예측해달라고 요청했다. 발표자들의 프레젠테이션을 지켜보면서, 우리는 그들이 내세우는 아이디어보다 그들의 이야기를 듣는 심사위원들의 신체언어와 미세표정을 주시했다. 그리고 최종 발표가 나기 전에 수상자들을 미리 알려주었는데, 결과가 예측한 그대로여서 결국 궁금증을 갖고 기다린 사람들의 흥을 깨버린 셈이 되고 말았다.

2년 뒤, 우리는 같은 행사에 다시 초대받았다. 이번에는 심사위원이 아니라, 발표자들을 관찰했다. 우리의 임무는 승자를 맞추는 것이 아니라, 발표자들의 비언어적 소통 방식이 그들의 성패에 얼마나 기여하는지 가늠하는 것이었다.

우리는 창업을 지망하는 발표자들을 1~15점까지 등급을 나누어 평가했다. 부드러운 미소나 눈 맞춤, 설득력 있는 제스처 등 적극적이고 자신 있는 신체언어를 보인 사람들은 좋은 점수를 얻었다. 안절부절못하는 태도나 어색한 손동작, 청중을 똑바로 바라보지 못하는 등 부정적 신호를 보인 이들은 감점을 받았다.

상위 8위 안에 든 참가자들의 평균 점수는 15점 만점에 8.3점이었다. 반면, 여기에 들지 못한 나머지 사람들의 평균 점수는 5.5점이었다. 이처럼 긍정적 신체언어는 성공적인 결과와 아주 밀접한 관계가 있었다.

우리는 정치 분야에서도 비슷한 상호관계를 발견했다. 지난 두 번의 미국 대통령 선거만 봐도 알 수 있다. 2012년 대선 당시 우리는 온라인 연구를 실시했다. 민주당이나 공화당 지지자 1,000명에게 버락 오바마Barack Obama와 미트 롬니Mitt Romney의 선거 운동 모습을 담은 2분짜리 비디오 클립을 보여준 것이다. 중립적인 입장에서 정서적 분위기에 초점을 맞춘 동영상이었다.

우리는 그 동영상을 보는 시청자들의 표정을 웹캠으로 기록한 다음, 이를 분석하여 행복, 놀람, 두려움, 혐오, 분노, 슬픔 등 6가지 핵심적인 정서 반응으로 분류했다. 그리고 긍정 또는 부정적 감정의 성향과 그 강도를 부호화했다. 분석 결과, 오바마는 정서적 반응을 더 적극적으로 드러냈고, 그에 대한 시청자들의 부정적인 반응

진심은 감추고 본심은 읽어라

은 거의 없었다. 그러나 롬니의 경우는 공화당 지지자들조차 상당수(16%)가 부정적인 반응을 보였다.

두 후보의 신체언어를 분석한 끝에 발견한 것은, 오바마의 신체언어가 창업 경연대회의 승자들과 닮았다는 사실이었다. 무엇보다 개방적이고 긍정적이고 자신감 넘치는 그의 자세는 그의 연설 내용과 매우 잘 어울렸다. 반면, 롬니는 부정적인 신호를 자주 드러냈고, 모순되고 산만한 표정과 동작으로 메시지의 강도를 떨어뜨렸다.

4년 뒤 2016년 대선에서도 힐러리 클린턴Hillary Clinton과 도널드 트럼프Donald Trump 두 후보가 보인 신체언어의 차이는 뚜렷했다. 이러한 대조는 토론 내내 이어졌다. 다만, 이전 대선에서 오바마가 롬니보다 우위를 점할 수 있었던 요인에는 그의 설득력 있는 비언어적 소통 방식이 분명 큰 몫을 차지했지만, 2016년 대선에서는 달랐다. 힐러리 클린턴은 물론 도널드 트럼프 역시 긍정적인 인상을 줄 만한 신체언어를 구사하지 못했다.

트럼프의 지나치게 마초적인 행동과 힐러리가 연설할 때 무대에서 그녀의 뒤를 따라다니는 트럼프의 황당한 모습은 시청자와 유권자들에게 호감을 주기 어려웠다. 힐러리는 트럼프보다 자제를 하긴 했지만 그 역시 정도가 지나쳤다. 그래서인지 진정성이 부족해 보였다. 무엇보다 청중들은 그녀의 부자연스러운 매너리즘 탓에 그녀에게 유대감을 갖지 못했다.

물론 토론 성적으로 보자면, 힐러리나 트럼프 모두 핵심 지지층을 이탈시킬 정도로 문제가 있진 않았다. 힐러리의 침착한 태도를 좋게 보거나, 마찬가지로 뻔뻔스러울 정도로 활달한 트럼프의 좌충우돌인 스타일을 좋아한 사람도 있었기 때문이다. 그러나 그중 한 사람이라도 오바마와 비슷한 방식으로 평소 지지 기반 외의 유권자와 진정성 있는 유대감을 형성할 수 있었다면, 좀 더 확장된 호소력으로 당선 가능성을 키울 수 있었을 것이다.

물론, 신체언어가 선거 결과를 좌우한 것은 아니다. 스타트업 경연대회 결과도 마찬가지다. 다만 분명한 것은, 올바른 비언어적 소통 방식이 성공과 상당한 관련이 있다는 것이다.

 ## 나는 눈치 있는 사람인가?

2012년 전 세계 2,664명을 대상으로, 미세표정 테스트를 실시했다. 다양한 표정을 짓고 있는 사람들의 얼굴 사진만 보고 그의 감정을 추측하는 테스트였다. 결과에 따르면, 이 테스트를 처음 받는 사람들의 평균 점수는 100점 만점 중 24.09에 불과했다. 50점 이상을 받은 사람은 12%도 되지 않았다. 다시 말해, 사람들은 일상생활에서 타인의 미세표정에 그다지 신경을 쓰지 않거나 이런 작은 근육의 수축이 의미하는 바를 잘 모른다는 이야기다. 하지만 이런 미세한 움직임이야말로 타인의 기분을 제대로 파악할 수 있는 가장 믿을 만한 지표라는 걸 기억해야 한다. 실제 미세표정 훈련을 이수한 사람들의 평균 점수는 89.45점이었다.

진심은 감추고 본심은 읽어라

우리는 여러 기업을 대상으로 연구하면서, 미세표정을 구분할 줄 아는 영업사원의 능력과 판매 실적 사이의 분명한 상관관계를 확인했다. 판매 실적이 좋은 사원은 타인의 미세표정을 단번에 알아차리고 그에 적절히 대응하는 데 탁월한 재능을 보였다. 물론 그러한 재능을 무의식적으로 습득한 경우도 있었다.

자신이 타인의 미세표정을 어느 정도 구분할 수 있는지 알고 싶다면, 'www.MicroExpressionsTest.com'에서 무료로 테스트해보기 바란다. 단 2분이면 자신의 실력을 확인할 수 있다.

> **"유능한 사람은 타인의 신체언어를 읽는 데**
> **탁월한 재능을 갖고 있다."**

 ## 소통에 능한 사람은 신체언어를 읽는다

인간은 어떤 결정이 내려졌을 때 대개는 그것이 합리적인 절차를 거쳐나온 것이라고 생각한다. 하지만 의사결정에 관한 여러 연구 결과를 종합해보면, 세일즈나 협상에 결정적 역할을 하는 것은 합리적인 생각이나 판단이 아니라, 감정이다. 따라서 타인의 감정을 읽지 못하고 그 사람이 하는 말에만 집중하면, 소기의 목적을 달성하기 어렵다.

물론 노련한 협상가는 자신의 본심을 숨길 줄 안다. 그들은 말을 가려서 하고 어조와 신체언어와 표정을 신중하게 선택한다. 또 감정을 드러내지 않는 편이 득이 될 것 같다는 판단이 서면, 그들은 얼마든지 자신의 감정을 그럴 듯하게 꾸민다. 그래서 대충 보면, 무표정하고 감정이 없는 사람처럼 보이기도 한다.

하지만 상대가 아무리 감정을 드러내지 않는다고 해도, 알아챌 수 있는 방법이 한 가지 있다. 그들이 무심결에 흘리는 미세표정을 놓치지 않고 살피는 것이다. 감정이 고조될 때는 그런 표정이 얼굴에 스치듯 빠르게 지나가기 때문이다. 무엇을 읽어내야 할지 아는 사람에게, 그러한 미세표정은 즉석에서 상대의 감정을 들여다볼 수 있는 투명한 창문과 같다.

신체언어를 연구하고 가르치면서 우리는 남다른 수완을 가진 협상가나 영업사원과 평범한 사람의 결정적 차이가 이런 미세표정을 읽을 줄 아는 능력에 있다는 사실을 밝혀내고, 이를 이론화했다. 타인의 미세표정을 읽을 줄 알면 아이디어 제안을 하면서 상대의 속마음을 헤아려 원하는 결과를 얻을 수 있는 방향으로 상대를 유도할 수 있다.

이를 입증하기 위해 우리는 동영상을 활용해 미세표정을 알아차리는 능력을 측정하는 두 가지 실험을 진행했다.

첫 번째 연구에서 우리는 마이오컴퍼니Myo Company에서 근무하는 영업사원의 동영상 점수와 그들의 실적을 비교했다. 그 결과, 높은 점수를 받은 영업사원들이 그렇지 않은 동료보다 훨씬 더 많은 제품을 판매했다는 것을 확인했다. 두 번째 연구 대상은 이탈리아

진심은 감추고 본심은 읽어라

로마의 한 BMW 대리점 영업사원들이었다. 우리는 최근 사분기 동안 60대 이상의 자동차를 판매해 높은 판매 실적을 올린 영업사원들이 동영상 테스트에서 실적이 낮은 직원보다 두 배 더 높은 점수를 받았다는 사실을 확인했다.

따라서 우리가 내린 결론은 이것이다. 유능한 협상가는 다른 사람들보다 타인의 미세표정을 더욱 잘 읽는다.

신체언어 지능은 누구나 높일 수 있다

신체언어를 읽고 구사하는 지능은 직업에서의 성공은 물론, 일상의 행복과도 밀접한 관련이 있다. 자신감 있고 신뢰할 수 있는 신체언어를 구사하면, 프레젠테이션의 효과도 높일 수 있다. 타인의 신체언어와 미세표정을 읽을 줄 알면, 협상가와 영업사원으로서의 역량도 향상된다. 또한 신체언어를 공부하면, '정서적 지능'이 발달해 인간관계 역시 좋아진다.

신체언어와 관련해 타고난 소질을 가진 사람도 있지만, 공부하고 연습한다면 누구나 자신의 신체언어 지능을 높일 수 있다.

6년 전, 우리는 한 콜센터로부터 연수 프로그램을 기획해달라는 요청을 받았다. 담당자는 우리가 기획하고 개설한 과정을 이수한 사람만 고객과 통화할 수 있게 할 예정이라고 했다. 흔히들 콜센터 직원이 올바른 '공식'을 배우면 고객을 좀 더 잘 다룰 수 있을 것이라고 생각하는 것 같다. 적절한 방법으로 적절한 세일즈 언사를 구사하면, 더 높은 매출을 올릴 수 있는 주문을 따내거나 까다로운 고객의 비위를 잘 맞출 수 있을 거라 기대하는 것이다.

우리는 연수 프로그램을 기획했고, 참가자들이 어떻게 고객과 통화하는지 지켜보았다. 다만 참가자들에게는 훈련의 목적이 정해진 공식이나 올바른 어조와 톤을 배우는 것이 아니라는 점을 분명히 일러주었다. 우리가 주목하라고 당부한 것은 시연을 하는 사람들의 신체언어였다. 그들의 자세와 태도에서 무엇을 추론해낼 수 있기에 그런 걸까? 단지 인간의 신체언어가 대화에 얼마나 중요한 영향을 미치는지 눈으로 확인할 수 있게 하기 위해서였다.

첫 번째 참가자는 보기에도 거북해 보이는 자세로 앉아서 이맛살을 찌푸린 채 고객과 통화를 했다. 그래서인지 목소리에 짜증이 묻어났다. 두 번째 남성 참가자는 다리를 쩍 벌리고 의자에 등을 기대고 앉았다. 표정에는 우월감이 묻어났고, 목소리도 거만하게 들렸다. 그 탓에 수화기 저편의 상대는 그가 던지는 질문에 선뜻 대답하지 않았다. 세 번째 참가자는 잔뜩 웅크린 채 어딘가 불안해 보이는 모습으로 통화를 했는데, 말투도 확실히 어색했다. 네 번째 사람은 세일즈 공식을 적어둔 책자를 자꾸 들여다보면서 상대와 통화를 했다. 산만해 보이는 그는 상대가 하는 이야기는 물론, 자신이 하는 말에도 집중하지 못하는 것 같았다. 통화 상대 역시 무시당하고 대접받지 못하고 있다는 느낌을 받았을 것이다.

통화하는 방식은 모두 달랐지만 한 가지 두드러지는 공통점은,

진심은 감추고 본심은 읽어라

모든 참가자가 정확히 같은 대화 모형에 따라 정확히 같은 말을 하고 있었다는 점이었다. 모두 자신이 해야 할 말을 외우고 있었던 것이다. 그러나 그들의 신체언어가 그들이 실제로 말하는 방식에 큰 영향을 미쳤고, 상대가 그들의 말을 듣는 방식에도 큰 영향을 미친 것만은 분명했다.

이와 같은 시연을 통해 우리가 내린 결론은 간단했다. 참가자들의 목소리나 말하는 내용을 바꾸는 것보다 중요한 것은 그들의 신체언어나 자세 혹은 태도를 바꾸는 것이란 사실이다. 특히 연수생들 중에는 상대에게 불쾌한 기분을 전염시키는 사람도 있었다. 그것이 가정에서 있었던 언짢은 일 때문인지, 어떤 개인적인 생각 때문인지, 아침 일찍 짜증나게 만든 일 때문인지는 모르지만, 이유가 어쨌든 그들의 개인적인 감정이 고객과 통화하는 동안 그들의 신체언어를 통해 고스란히 드러났다. 무엇보다도 그들의 비언어적 행동은 고객에게 큰 영향을 미쳐 그들까지 초조하거나 짜증나거나 오만하게 만들었다. 신체언어가 몸과 마음의 내부에서 일어나는 현상을 그대로 보여준다는 사실을 다시 한번 확인할 수 있었다. 그러니 신체언어를 바꾸고 싶다면, 무엇보다 자신의 감정과 기분부터 다스려야 한다. 그 외에 다른 방법은 없다.

**"당신의 몸은 당신의 느낌에 대해
항상 진실만 말하려고 한다."**

신체언어에 관한 진실

신체언어를 읽어낼 수 있으면 타인의 기분을 더 잘 파악할 수 있다. 신체언어는 대화를 올바른 방향으로 안내하는 이상적인 나침반이다. 몸으로 전달하는 비언어적 신호는 소통을 성공으로 이끄는 이정표라고 할 수 있다.

그러나 신체언어를 이해한다고 해도 그 밑에 깔린 정서까지 바뀌지는 않는다. 신체언어는 일종의 현미경과 같아서 어떤 유형의 행동을 유발한 외부의 원인을 정확히 찾아낸다. 그러나 그 원인을 알아냈다고 해서 내면에서 일어나는 일을 바꿀 수 있는 건 아니다.

특정 정서를 알고 있으면 그 정서에 집중하거나 정서의 형태를 바꾸기가 한결 쉬워지는 것은 맞지만, 내면적인 문제를 바꾸지 않고 신체언어만 조정하려 하다간 역효과가 일어날 수 있다. 비언어적 신호는 통제할 수 있는 대상이 아니다. 몸은 당신의 느낌에 대해 항상 진실만을 말하려고 한다는 점을 명심하고, 그 감정부터 다스릴 생각을 해야 한다.

예를 들어, 당신이 프레젠테이션을 앞두고 마음이 초조한 상태라고 하자. 3장에서 설명하겠지만, 아무리 자신 있는 태도와 자세를 취해보려고 해도 속마음이 실제로 차분한 상태가 아니라면, 자신도 모르게 티가 나거나 다른 사람들에게 부자연스러운 인상을 주는 행동이 나올 수밖에 없다. 저변의 감정을 다스리지 못하면 아무리 신체언어를 바꾸려고 해도 효과를 거둘 수 없다는 이야기다. 신체언어는 우리 내면의 정서와 행동에 미치는 영향을 신속하고 정확하게 보여준다. 내면의 정서부터 바꿔야 밖으로 드러나는 신체언어의 개선을 기대할 수 있다. 책에서 권하는 조언과 연습을 통해 이런 변화가 가능해질 것이다. 그것도 아주 잠깐 사이에!

🗯 신체언어 바꾸기

콜센터 직원을 대상으로 실시한 훈련은 그들의 평상시 기분을 긍정적으로 바꾸는 긴장해소법을 적용하는 것에서 시작됐다. 우리는 참가자들에게 스포츠 프로그램에 참여하고, 각자가 좋아하는 것을 하는 데 보다 많은 시간을 투자하라고 충고했다. 그중 누군가는 오토바이를 타고 출근했고, 또 다른 누군가는 일주일에 두세 번 정도 수영을 했다. 가족과 더 많은 시간을 보내기로 결정한 사람이 있는가 하면, 명상과 수련으로 마음을 다스리는 데 관심을 갖는 사람도 있었다.

우리가 이렇게 제안한 이유는 두 가지였다. 첫 번째는 참가자들의 긴장된 근육을 풀기 위해서다. 신체가 긴장되어 있으면, 누군가와 전화로 대화할 때 목소리가 딱딱해지고 냉기가 돌 수밖에 없다. 또 두 번째 이유는 참가자들이 좀 더 즐거운 마음으로 일을 하게 만들기 위해서다. 전화 통화 업무는 그들의 하루 일과에서 가장 많은 부분을 차지한다. 그 일이 좋아서 하는 것이든 생계를 위해 어쩔 수 없이 하는 것이든, 기왕이면 즐거운 마음으로 임하는 것이 삶의 질을 높이는 데 중요하다는 사실을 그들에게 알려주고 싶었다. 일주일 중 40시간을 짜증나고 불만이 가득한 상태로 보내며 주말만 기다릴 것이 아니라, 좀 더 여유 있는 마음으로 동료들과 함께 웃고, 고객의 마음도 더 깊이 헤아릴 수 있다면 더 좋지 않겠는가? 이것이 우리가 전달하고 싶은 요지였다.

각 그룹은 6일 동안 세 사이클로 나뉘어 훈련을 받았다. 우리는 참가자들의 언어 소통 방식에 관해 조언하면서, 언제나 그것을 그들의 신체언어와 의식적으로 연결시키도록 당부했다. 그렇게 하면 고객을 대하는 데 필요한 최상의 전략을 찾아낼 수 있을 뿐만 아니라, 자신이 하는 일에 대해서도 보다 긍정적인 태도를 가질 수 있기 때문이었다. 결과는 명백했다. 훈련이 끝난 후 회사의 관리자 중 한 사람은 직원 전부를 새로 뽑은 것 같다며 그들의 목소리와 소통 방식이 현격히 달라졌다고 기뻐했다.

이 모든 건 신체언어 차원에서 나타난 변화였다. 신체언어가 바뀌면서 고객과의 관계가 호전된 것이다. 어떻게 이런 일이 가능했을까? 신체언어는 이야기를 하는 사람의 감정이 드러나는 언어이며, 이 언어가 그저 말로 하는 언어보다 사실상 더 중요하기 때문이다. 결국 사람들은 상대가 하는 말에 반응할 뿐 아니라, 말하는 방식과 행동, 즉 신체언어에도 반응한다.

진심은 감추고 본심은 읽어라

신체언어와 결혼의 비밀

우리의 훈련과정에 참가하는 사람들이 우리 부부에게 자주 하는 질문이 있다. 신체언어 전문가들끼리는 상대의 마음을 사로잡기가 쉽지 않을 것 같은데, 어떻게 결혼에 성공했느냐는 질문이다. 말 한마디 하지 않아도 상대가 무슨 생각을 하고 어떤 기분을 느끼고 있는지 알아챌 수 있다면, 관계가 쉽게 틀어질 수도 있을 거라 생각한 모양이다.

답부터 말하자면 절대 그렇지 않다. 우리 부부는 서로에게 비밀이 없고 또 그래야 할 필요도 느끼지 않는다. 우리 둘은 진정성과 정직함이 관계를 만들어가는 데 가장 좋은 방법이라고 믿으며, 상대의 감정에 아주 신속하고 정확하게 접근할 수 있다는 것을 일종의 부가가치로 여긴다. 불필요한 오해가 사라지니 신뢰가 더욱 깊어지고, 유대감이 더욱 단단해지며, 서로에 대한 공감 능력이 강화된다. 신체언어가 두 사람의 우정과 관계에 깊이를 더해주는 것이다. 딱 한 가지 곤란한 점이 있다면, 상대를 놀라게 만드는 것이 어렵다는 것이다. 왜? 신체언어는 거짓말을 못 하니까!

무엇보다 신체언어는 처음 관계를 시작하는 단계에서 '상대를 알아가는' 과정에 속도를 붙인다. 신체언어의 신호를 읽어낼 수 있는 예리하고 직관적인 감각이 있으면, 상대가 나와 맞는 파트너인지 아닌지를 느낌으로 알 수 있다. 비언어적 소통을 전

공한 탓에 우리는 그동안 많은 '친구'를 잃었다. 그러한 이유에서 지금까지 우정을 유지하고 있는 이들은 진짜 친구이자 신뢰할 수 있는 이들이라 할 수 있다.

이 책을 읽고 나면, 당신에게도 이 같은 일이 생길 수 있다. 가령, 당신의 파트너가 생각했던 것만큼 당신을 좋아하지 않고 있다거나, 당신의 상사가 당신이 그렇게 바라는 승진을 시켜주지 않을 것이라거나, 가장 친한 친구가 무언가를 당신에게 숨기고 있다는 등의 진실을 '알게' 되는 것이다. 세상사가 그렇다면 할 수 없는 노릇이다.

인위적인 관계를 필요 이상으로 무리하게 지속시켜야 할 만한 이유가 있는가? 우리는 그런 이유들을 찾지 못했다. 언제든 개방적이고 정직하고 투명한 소통이 최상의 방책이다. 장기적으로 볼 때 그것이 결혼을 행복하게 지속시킬 수 있는 유일한 방법이다. 이제 진실을 향해 자신만의 여정을 시작할 준비가 되었는가? 확실한 건, 이 책을 읽고 나면 다시 예전으로 돌아갈 수 없다는 것이다.

 신체언어 해석에 관한 과학적 근거

신체언어에 관한 해석에 과학적 근거가 있을까? 이와 관련된 주제에는 오래전부터 많은 논란이 있었다. 나는 한 가지 사례를 통해

진심은 감추고 본심은 읽어라

우리의 입장을 밝히고 싶다. 인간은 왜 하품을 하는 것일까? 여러 해 동안 우리는 하품이 인간의 몸 안에 부족해진 산소를 보충하기 위한 반응이라고 배워왔다. 그러나 마크 A. W. 앤드루스Mark A. W. Andrews는 2002년에 발표한 논문에서, 이 이론이 틀렸다고 주장했다. 인간의 폐가 산소가 부족하다는 사실을 독자적으로 인식할 수 없다는 것이 그가 제시한 이유였다. 2007년에 앤드루 C. 갤럽Andrew C. Gallup과 고든 G. 갤럽Gordon G. Gallup은 인간이 하품을 할 때 두뇌의 온도 변화를 조사했고, 국제하품회의International Conference on Yawning는 하품이 각성의 표시라고 발표했다. 그 뒤로도 여러 연구가가 제각기 다른 설명을 내놓았다. 다시 말해, 하품처럼 쉽게 눈으로 확인할 수 있고 간단해 보이는 신체 활동에도 보편적으로 납득할 만한 해석이 아직 나오지 않은 것이다.

신체언어 역시 마찬가지다. 신체언어에 관한 올바른 해석도 일차적으로는 그런 현상에 대한 지식과 경험에 의존할 수밖에 없다. 다만 우리가 책에서 소개할 해석은 가장 최신의 과학적 연구를 토대로 한 것이다. 신체언어에 관한 과학은 살아 있는 학문이라, 인간의 몸이 작동하는 방법에 대해서는 새롭고 흥미로운 발견이 하루가 멀다고 계속 나온다. 이제 보게 되겠지만, 그중에는 문화에 따라 규정되는 해석도 있고, 진화론적 입장에 따른 해석도 있다. 따라서 그런 해석은 우리 모두가 이른 나이부터 배웠거나 인간의 타고난 기질에서 비슷한 형태로 관찰할 수 있는 것들이다.

이 책은 비언어적 소통의 과학을 일상의 대화에 적용하고 싶은 사람들에게 솔직하고 분명하며 유용한 가이드라인을 제시할 것이다. 또한 인간의 미세표정과 눈, 미소에 관한 과학적 근거를 찾고 싶은 이들에게 만족할 만한 결과를 제시할 것이다. 좀 더 깊이 있는 연구가 필요하다면, 참고문헌을 찾아보길 바란다.

"일상의 대화에 신체언어의 과학을 어떻게 적용할 것인가?"

영국의 생물학자 데즈먼드 모리스Desmond Morris에 따르면, 인간이 의사소통에 사용하는 제스처는 3,000개가 넘는다. 앞으로 논의할 제스처들은 주로 비즈니스 대화에서 관찰되는 것들로, 비교적 해석하기가 쉽다. 수줍음이나 고통 같은 좀 더 복잡한 정서적 경험에 관한 해석은 이 책에서 다루지 않았다. 수줍음과 고통 같은 정서는 대개 10개 이상의 다른 신호들이 얽혀 드러나는데, 심지어 이들은 실제와 가식을 구분하기가 매우 어려워서 보다 전문적인 지식이 요구되기 때문이다.

마찬가지로, 우리는 과학자들 사이에서 가장 많은 논란을 야기하는 신호(예를 들면, 폭탄이 터졌을 때 나오는 갑작스러운 두려움의 반응을 하나의 감정으로 설명할 수 있는지 여부 등)에 대해서는 자세한 논의를 하지 않기로 했다. 이런 논의는 무척 흥미로운 주제이긴 하지만, 이 책이 정말로 다루려는 핵심, 즉 신체언어의 과학을 일상적 대화에 어떻게 적용할 수 있는지와는 크게 관련이 없다.

정확한 결론을 얻어내려면 신체언어 해석의 5가지 기본 원칙을 먼저 배워야 하는데, 이것이 1장의 주제다. 이 원칙을 알면 특별한 시각적 단서에 대한 올바른 설명을 할 수 있다. 이 책의 혁신적인 점은, 일상의 대화에서 일어나는 가장 유용하고 가장 편리하고 가장 흔한 비언어적 신호를 7개로 분류했다는 것이다.

2장에서는 다른 사람과의 교류를 지탱해주는 신체언어에 관해 다룬다. 이런 자세와 태도는 대화에 긍정적인 영향을 미치기에, 흔히 '긍정적 신체언어'라고 불린다. 3장에서는 자신감과 확신이 넘치는 신체언어에 대해 살펴보려고 한다. 다만 지나치게 고압적이거나 자칫 인간관계를 단절시킬 수 있는 '부정적 신체언어'는 4장에서 검토할 것이다.

어떤 신체언어이든 한 사람이 그 순간 느끼는 감정을 드러내지만, 5장에서는 다양한 감정에 대한 강렬한 경험을 암시하는 특별한 형태의 비언어적인 소통에 관해 우선 탐구할 것이다. 그리고 6장에서 인간의 얼굴로 전달되는 감정에 관해 다루고, 7장에서는 미세표정을 좀 더 자세히 분석하여 특별한 형태의 짧고 미묘한 표정을 살펴볼 것이다. 8장은 협상에 유용한 표정과 제스처에 관한 내용인데, 주로 의사결정 과정과 관련이 있는 신체언어라고 할 수 있다. 9장에서는 신체언어에 관해 배운 내용을 'SCAN' 법을 통해 그동안 다룬 표정과 제스처가 나오는 일반적 상황에 응용해보려고 한다.

각 장 끝에 간단한 '요약'을 붙였다. 이 요약이 일상의 대화에서, 세일즈 어법에서, 인터뷰와 협상에서 그동안 습득한 신체언어 지식을 응용하는 데 도움이 될 것이다.

우리는 독자들에게 그저 신체언어를 해석하는 방법을 알려주는 데 그치고 싶지 않았다. 신체언어의 의미를 이해하고 나면 그것으로 무엇을 할 수 있는가? 타인의 신체언어에 어떤 식으로 반응해야 하는가? 이와 같은 질문에 답을 할 수 있도록, 대부분의 제스처와 표정 뒤에 상대가 이런 유형의 행동을 보일 때 적절히 대응할 수 있는 조언까지 붙였다. 아무쪼록 여러분이 이를 통해 보다 빠르고 쉽게 대화의 목적을 달성할 수 있길 바란다.

카시아 · 패트릭 베조스키

진심은 감추고 본심은 읽어라

차례

5장 감정을 읽을 수 있는 신체언어 — 147

6장 얼굴에 드러난 표정이 말해주는 것들 — 175

7장 숨길 수 없는 미세표정의 증거들 — 207

1장

신체언어를
읽는
5가지 원칙

이 장에서 다룰 내용 ✏️

- 신체언어 해석을 위한 기본 원칙
- 문화마다 다른 신체언어

신체언어를 해석할 때 명심해야 할 것이 있다. 상대가 취하는 모든 태도와 제스처 그리고 얼굴의 표정을 근거로 그 의미를 해석할 때는 반드시 5가지 주요 원칙에 주의를 기울여야 한다는 것이다. 이 5가지 원칙이 의미 있는 신체언어 해석의 기반이 되는데, 이를 통해 상대의 겉으로 드러나는 모습과 실제 내면의 감정을 연결시켜, 신체언어 지능을 높일 수 있는 법을 배울 수 있다.

　이 기본 원칙은 대화뿐 아니라 사진과 동영상에 드러나는 비언어적인 소통에도 적용된다. 인간의 신체언어를 해석할 때 5가지 기본 원칙을 모두 적절히 고려하여 결론을 내린다면, 일상적인 상호관계에서 이루어지는 '진정한' 소통을 정확하게 이해할 수 있다.

🗨️원칙1 여러 가지 동작을 결합시킬 것

신체언어가 단 한 번 혹은 고립된 상황에서 일어날 경우에는 그에 대한 해석의 정확도가 60~80%에 그칠 수 있다는 걸 명심하라. 어떤 동작이 반복적으로 일어날수록 그 특정 신체언어에 대한 해석이 맞을 확률이 올라간다. 만약 아주 짧은 시간 내에, 비슷한 신호를 보내는 3~5가지 동작이 함께 나타나는 모습을 목격했다면, 매우 정확도가 높은 결론을 끌어낼 수 있다.

예를 들어, 상대가 대화 도중에 손으로 코끝을 만졌다고 하자. 이러한 제스처를 근거로 여러 가지를 해석할 수 있지만, 만진 것이 딱 한 번뿐이라면 실제로 코가 가려워서 그런 것일 수 있다. 반면 대략 2분이라는 짧은 시간 동안 그 사람이 코를 만지고 눈을 비비고 입을 가리고 뒷걸음질치고 눈을 피하고 팔짱을 낀다면, 그가 스트레스를 많이 받고 있는 상황이거나 거짓말을 하고 있거나 그 둘다일 가능성이 크다.

🗨️원칙2 말보다 몸을 믿을 것

만약 들은 것(말)과 본 것(동작) 중에 딱 하나를 선택해야 한다면, 본 것을 믿는 편이 낫다. 사실상 인간의 몸이 말하는 내용을 보완하기 때문이다. 우리는 말로 잠깐 허세를 부리면서 중압감을 숨길

진심은 감추고 본심은 읽어라

수 있지만, 몸으로 행하는 비언어적 소통으로 중요한 정보를 숨기거나 속이기는 무척 어렵다. 왜 그럴까? 우리의 몸은 내면에서 일어나는 것을 본능적으로 밖으로 드러내기 때문이다.

인간의 변연계Limbic system는 합리적인 사고 시스템보다 더 빨리 작동한다. 우리가 의식적으로 행동을 조절하기 전, 표정과 제스처가 먼저 진실을 말해버리는 것이다. 인간이 행동을 의식적으로 조절할 수 있는 속도는 우리가 통제할 수 없는 변연계의 신호보다 1만 배 더 느리다. 따라서 우리는 상대의 내면에서 일어나는 일을 겉으로 볼 수 있다. 그 반대의 경우도 성립한다. 만약 상대가 슬픈 표정을 짓고 있지 않다면, 지금 그 사람은 슬프지 않을 가능성이 매우 크다. 그렇지만 여전히 5가지 원칙을 고려해야 한다. 그 사람이 지금까지 한 번도 슬픈 표정을 지은 적이 없다고 해도, 지금 그 사람이 슬픈 일을 당했다면 결론을 수정할 필요가 있다.

원칙3 정황이 미치는 영향을 고려할 것

신체언어에 관한 교육을 진행하면서 자주 받게 되는 질문이 있다. '팔짱을 자주 끼는 사람의 성격은 폐쇄적인가?' 여러분은 어떻게 생각하는가? 정답은 'Yes'일까, 'No'일까? 기본 원칙 3번을 적용할 경우 정답은 '정황에 따라 다르다'는 것이다. 팔짱을 끼는지 안 끼는지는 정황에 따라 달라진다. 예를 들어, 추운 겨울에 코트를 걸치지 않고 밖에 나온 여성이라면 당연히 몸을 웅크리면서 팔짱을 낄 것이다. 그 팔짱은 춥다는 것 이상의 의미가 없다. 그러한 상태로 그녀가 친구와 유쾌하고 발랄한 모습으로 대화를 나눈다고 해도 전혀 이상할 것이 없다!

하지만 가운을 입은 의사가 병원 복도에서 동료와 서서 무언가를 의논하는 중이라면 어떤가? 병원 내부는 보통 따뜻하다. 그러니 이런 경우에 팔짱을 끼고 있다면 그것은 대화의 내용이나 성격과 어떤 관계가 있을 것으로 봐야 한다. 다시 말해, 신체언어를 해석할 때는 그 사람이 처한 장소와 상황과 환경을 살펴야 한다.

**"신체언어는 언제나
말로 한 내용을 보완한다."**

시간에 따른 변화를 주시할 것

단 한 장의 사진만 보고 판단하는 일은 가능하면 삼가야 한다. 비교할 대상이 없다면 결론의 정확성이 떨어질 수밖에 없다. 믿을 만한 결론을 내리려면 무엇보다 신체언어 중 하나인 자세에서 일어나는 크고 강력한 변화를 주시해야 한다. 예를 들어, 느긋한 자세를 취하고 있던 상대가 협상 중에 갑자기 허리를 곧게 펴고, 다리를 모은 채 토론하는 자세로 바꾼다면, 처음부터 토론 자세를 취하고 있는 경우보다 훨씬 큰 의미가 있다.

타이밍 역시 매우 중요하다. 즉, 이야기 도중 새로운 금액이 제시된 순간 상대의 자세에서 의미 있는 변화가 나타났다면, 그것은 평소보다 훨씬 더 많은 사실을 알려준다.

원칙5 상대의 습관을 고려할 것

코를 만지는 제스처가 어떤 의미를 갖는다고 해석하면, 이렇게 항변하는 사람이 있다. "그래요? 저는 말할 때마다 코끝을 수시로 만지는데요? 우리 가족들 모두 그래요. 그렇다고 해서 거짓말을 하는 것은 아니라고요!" 그럴 수도 있다. 기본 원칙 5번을 적용한다면, 코를 만지는 행위에 대한 기존의 해석도 달라져야 한다. 상대의 동작을 해석할 때는 그 사람의 평소 동작뿐 아니라 습관까지 유심히 살펴야 하는 것이다. 어떤 동작이 몇 해에 걸쳐 그 사람의 습관으로 굳어졌다면, 앞으로 소개할 이런 동작에 대한 일반적인 해석을 그대로 적용하여 해석해서는 안 된다.

예를 들어, A라는 사람에게 어떤 상황에서든 미소를 짓는 습관이 있다고 하자. 심지어 그는 누군가에게 적대감을 느끼는 순간조차 습관적으로 미소를 짓는다. 그렇다면 A가 미소를 짓는 순간 무조건 그가 즐거워한다고 해석하면 안 되는 것이다.

어떤 동작이나 제스처 혹은 표정을 예외적인 것으로 간주해야 하는지 아닌지를 알려면, 먼저 그 사람이 특정 습관을 갖게 된 여러 가지 상황까지 검토해야 한다. 습관 외에도 마약이나 술, 약 복용, 성형수술과 보톡스 같은 외적 요인 역시 고려해야 한다. 이런 여러 가지 요인을 함께 참작하면, 누군가가 진짜 즐거워하는 표정을 보고 경멸의 신호로 오해하는 실수를 피할 수 있다.

"누구나 몸으로 말한다."

더 읽기

신체언어는
문화 의존적일까?

이 같은 질문에 관해서는 전문가들의 의견도 나뉜다. 이 주제에 관해 쉽게 결론을 내릴 수 없는 건, 먼저 질문에 담긴 '신체언어'와 '문화 의존적'이라는 용어의 뜻부터 정확히 정의해야 하기 때문이다.

예를 들어, 어떤 나라에서는 매우 공격적으로 해석될 수 있는 제스처가 다른 나라에서는 긍정적인 제스처로 해석될 수 있다. 엄지와 검지를 맞붙여 '동그라미'를 만드는 제스처는 미국이나 벨기에, 네덜란드 같은 나라에서 '오케이!'라는 긍정 신호로 통한다. 하지만 프랑스에서는 '제로'라는 의미이고, 브라질에서는 '말을 하지 말라'는 뜻이다. 이러한 경우 신체언어는 문화에 따라 확실히 다르다고 할 수 있다.

진심은 감추고 본심은 읽어라

그러나 20곳 이상의 문화에서 특정 정서와 연관되어 정도의 차이만 있을 뿐 같은 방식으로 나타나는 미세표정들도 있다. 북아메리카와 유럽에서는 자주 하지는 않아도 동작이 큰 손짓들이 있는데, 아시아에선 똑같은 손짓을 더 자주 하지만 더 작은 동작으로 한다. 그렇다면 신체언어는 문화에 따라 다르다는 뜻일까?

　　어떤 전문가의 말이 옳을까? 이처럼 비언어적 의사소통이라는 주제는 광범위하고 복잡할 뿐만 아니라, '신체언어'라는 용어 자체를 어떻게 해석하느냐에 따라 그에 대한 답도 달라질 수밖에 없다. 그런데도 한 가지는 분명하다. 방법이야 어떻든 어느 나라, 어느 문화에서든 인간 모두가 신체언어로 이야기한다는 것이다.

　　중요한 것은 5가지 기본 원칙이다. 정확한 결론을 이끌어내려면 모든 신체언어에 5가지를 모두 적용해 해석해야 한다. 이들 원칙을 늘 염두에 두고 이를 토대로 자신의 추측을 검증해야 한다. 원칙을 쉽게 기억할 수 있도록 우리는 5가지 원칙에서 가장 중요한 말들을 묶어 다음 한 문장으로 정리했다.

"정황 안에서 결합은 습관을 바꾼다."

　　5가지 기본 원칙을 적용하여 신체언어를 해석한다면, 앞으로 다룰 내용에서 타인의 동작과 제스처 그리고 표정의 의미를 정확하게 밝혀낼 수 있는 확실한 무기를 갖춘 것과 다름없다.

2장

자신감과
확신이 넘치는
신체언어

이 장에서 다룰 내용 ✎

- **상대가 언제 예민해지는지 알아채는 법**
- **신뢰와 협조를 얻을 수 있는 동작**

나(패트릭)는 열세 살 때 처음 일을 시작했다. 약국에 전단지를 돌리는 일이었다. 새로운 약국에 들어설 때마다 나는 약사에게 전단지를 눈에 잘 띄는 곳에 놓아도 되는지 물었다. 대부분은 매우 협조적이었다. 업무를 시작한 첫날 아침 약국 열다섯 곳에 들렀는데, 내 요청에 거절하는 사람은 한 사람도 없었다. 당시 내 여자 친구도 나와 같은 일을 했는데, 그날따라 일이 쉽게 풀리지 않았던 모양이었다. 몇몇 약사들이 떨떠름한 반응을 보인 탓에 그녀가 전단지를 전부 돌리기까지는 나보다 훨씬 많은 시간이 소요됐다.

　하지만 며칠 지나지 않았을 무렵, 나도 처음으로 거절당하는 순간을 맞았다. 막상 상대에게 거절을 당하고 나니 다리에 힘이 풀리고 일할 기분이 나지 않았다. 여전히 당당하고 힘찬 걸음으로 약국에 들어서긴 했지만, 거절당하고 나서부터 약국이 무서워졌다. 이런 태도의 변화는 일의 효율성에도 큰 영향을 미쳤다.

시간이 지날수록 나의 요청을 거절하는 약사들이 늘어갔다. 아니, 왜 이렇게 태도들이 달라진 걸까? 내가 달라진 걸까? 나는 늘 하던 대로 "이 전단지를 여기 카운터에 놔도 될까요?"라고 물었는데, 왜 며칠 전과 전혀 다른 반응이 나오는 것일까? 내 기분이 달라진 탓일까?

성패를 좌우한 건 내가 그들에게 건넨 말이 아니라, 그런 말을 하면서 내가 취한 제스처였다는 사실을, 그때는 깨닫지 못했다. 이제 와서 생각해보면, 내가 약사와 적극적인 소통을 하는 데 필요한 제스처를 제대로 취하지 못했던 것이 분명하다.

이번 장에서 긍정적인 신체언어를 사용하여 상대를 설득시키고, 상대가 보내는 긍정적 신호를 알아차리는 방법에 대해 알아보자.

내 말을 듣고 있을까?

당신 앞에 있는 상대의 상체를 잘 살펴보라. 상체의 위치는 당신에 대한 상대의 기본적인 마음가짐에 대한 정보를 담고 있다. 만약 상대가 상체를 뒤로 젖히고 있거나 당신과 외면하듯 돌리고 있다면, 특히 팔짱을 낀 채 그렇게 하고 있다면, 그는 지금 당신과 논의

하려는 내용과 거리를 두려고 하는 것일 가
능성이 크다.

상대가 이런 식으로 상체를 멀리하며 피
한다면 당신의 말을 유심히 듣지
않는다는 뜻이다. 상체를 앞으로
기울여 주의 깊게 들을 만큼 주제
를 중요하거나 흥미롭게 여기지
않는다는 의미다.

상대를 당신의 말에 귀 기울이
게 만들고 싶다면, 상대의 몸이 당신과

상체를 앞으로 기울이기
: 긍정적 감정. 관심

멀어지지 않게끔 유도해야 한다. 인간은 상대에게 관심이 있으면
일반적으로 몸을 그 사람 쪽으로 가까이 하려고 한다. 다만, 상대
의 몸과 귀를 당신에게 기울이게 만드는 방법이 있다. 몸은 떨어져
있어도 상대가 당신의 신체언어를 따라 하게 만드는 것. 당신이 몸
을 앞으로 기울이는 순간 상대가 같이 몸을 앞으로 기울인다면, 당
신의 긍정적 신체언어에 그가 반응한다는 뜻이므로 좋은 징조다.

나는 숨길 게 없어요

손바닥을 활짝 펴는 제스처는 평화의 신호다. 펼쳐진 손바닥은
숨기는 것이 없고 무장하지 않았으며, 마음을 열고 당신이 하는 말

을 듣겠다는 표시로 해석할 수 있다.

일정한 간격으로 상대가 손바닥을 펼치는 모습을 봤다면, 관계가 원활하며 소통이 순조롭게 이뤄지고 있다고 짐작해도 좋다. 이는 그가 마음을 열고 당신의 말을 존중하고 있으며 긍정적이고 소중하게 여긴다는 신호다.

또한 상대가 손을 앞으로 자주 뻗을수록, 전달하려는 이야기의 개방성과 정직성 역시 더욱 커진다. 손가락을 펴

손바닥 보이기 : 개방, 정직

거나 약간 위쪽으로 구부려 컵 모양을 만든다면 제스처의 의미도 더욱 강해진다. 따라서 당신이 누군가와 깊이 있는 인간관계를 맺기 원한다면, 손바닥을 보이며 소통하는 것이 좋다. 손바닥을 보여주는 행위는 자신은 숨길 것이 없다는 것을 입증하는 것이기에 상대에게 신뢰감을 준다. 반면 일반적으로 거짓말을 하는 사람은 대개 손을 숨긴다.

예전부터 손바닥을 보이는 것은 상대에게 긍정적인 인상을 주는 제스처였다. 자신에게는 무기가 없으며 상대에게 호의를 갖고 있다는 표시이기도 했다. 그래서 고대 시절에도 손바닥을 펼쳐 보이는 행동을 취해 상대에 대한 성실함과 충성, 경청하는 마음을 드러내기도 했다. 또 손바닥을 펼친 양손을 치켜드는 항복의 신호 역시 자신에게 상대를 해칠 무기가 없다는 것을 보여주는 행위였다.

종교 지도자들이 중요한 순간에 손바닥을 보이는 것도 같은 이유에서다. 중요한 서약이나 맹세를 할 때도 사람들은 한쪽 가슴에 한 손을 얹고 다른 한 손을 활짝 펼쳐서 든다. 요즘에도 법정에서 선서할 때 성경 위에 한 손을 얹고 같은 동작을 취한다.

마음을 완전히 열고 상대를 정직한 마음으로 대하려는 사람은 한 손이나 양손을 상대에게 뻗는다. 이런 의도를 강조하고 싶다면 손바닥을 더 많이 보여주면 된다. 대부분의 신체언어가 그렇듯 이런 동작도 무의식중에 나타나는 경우가 많다. 같은 이유로 거짓말을 하거나 무언가를 숨기는 사람은 자꾸 손을 등 뒤로 감춘다. 과거부터 사람들은 무기를 숨길 때 이런 동작을 취했다.

당신에게 호감이 있어요

이성의 관심을 끌고 싶을 때 인간은 무의식중에라도 자신의 손목을 드러낸다는 사실을 알고 있는가? 남성과 차를 마시는 여성이 자신의 손목을 드러내는 방향으로 찻잔을 든다면, 상대에게 마음을 연다는 신호로 해석해도 좋다. 물론 경우에 따라, 자신의 성실성과 호의를 강조하려는 동작일 수도 있다.

손목 보이기 : 개방, 성실성

내 이야기 좀 들어줄래요?

입 근처에서 손동작
: 자신의 말 강조

자리에 앉아 있는 상태로 자신의 입 가까이에서 손을 움직이는 사람의 의도는 무엇일까? 이러한 방식으로 자신의 말을 강조하거나 뒷받침하려는 것이다. 인간은 상대에게 자신의 말을 좀 더 확실히 그리고 제대로 이해시키고 싶을 때, 손을 입 가까이에 가져간다. 손을 활용하여 자신의 말에 보다 권위를 주려는 의도에서 비롯된 동작이라고 할 수 있으며, 이는 상대와 좋은 관계를 확실히 다지는 데 도움이 된다.

당신을 받아들일게요

협상 중에 상대가 잔이나 컵을 한쪽(잔을 잡은 쪽)으로 밀쳐두고 손을 펼쳐 탁자 위에 둔다면, 마음을 열고 당신을 받아들이겠다는 신호로 봐도 된다. 이러한 팔 동작은 두 사람 사이에 어떤 장벽도 두

테이블 위에 손 펼쳐 놓기
: 개방, 용인

진심은 감추고 본심은 읽어라

지 않겠다는 의지를 보여준다. 반대로 컵이나 잔을 몸에 가까이 붙이는 것은 상대에게서 마음을 닫겠다는 신호다.

내 말이 무슨 뜻인지 알죠?

세상에는 손으로 말하는 기술을 가진 이들이 있다. 이런 사람들은 주변 사람들에게는 물론 다른 언어권의 사람에게도 자신의 의사를 쉽게 전달하곤 한다. 특히 교육이나 영업 분야의 종사자일 경우 손을 효과적으로 활용하면, 자신이 하고자 하는 말을 시각화하여 전달력을 크게 높일 수 있다.

손으로 말하기 : 부연 설명

손을 사용하는 언어는 시각화, 정서, 직관을 처리하는 인간의 우뇌를 자극한다. 따라서 손을 활용해 이야기하면 상대의 이성적이고 합리적인 사고를 주관하는 좌뇌와 정서적 사고를 주관하는 우뇌 양쪽 모두와 소통할 수 있다. 이처럼 좌뇌와 우뇌를 함께 자극하면 상대는 내가 이야기하는 새로운 내용을 보다 쉽게 이해하고 납득할 수 있으며 기억하기도 쉬워진다. 1981년 〈거짓말 탐지기로서의 인간Humans as Lie Detectors〉이라는 논문에서, 정신과의사 미론 저커먼Miron Zuckerman과 심리학과 교수 벨라 M. 드 파울루Bella M. De

Pauloo, 로버트 로젠탈Robert Rosenthal은 인간이 거짓말을 할 때는 보통 손으로 자신의 말을 보완하는 동작을 잘 취하지 않는다는 사실을 밝혔다.

나도 당신과 같아요

로마시대에는 다른 사람과 악수를 할 때 상대의 손목을 잡았다. 상대가 소매에 단검을 숨기고 있는지 아닌지를 단번에 확인할 수 있었기 때문이다. 요즘 시대의 악수는 '서로 알고 지내자'는 의사표현인데, 실제로는 상대의 에너지와 활력을 물리적으로 평가하는 중요한 절차가 되기도 한다. 군이 만나지 않아도 영상을 통해 얼굴을 맞댈 수 있을 만큼 기술이 발달한 요즘에도, 사업을 하는 이들은 자신의 파트너가 될 사람을 직접 만나보고 손을 맞잡아보기 위해 서라도 돈을 들여 항공권을 산다. 심지어 중동에서는 문서로 작성된 계약일 경우, 두 당사자가 악수를 해야만 구속력이 생긴다.

악수를 하면서 서로의 이해를 일치시키기 위해서는 적어도 두 가지가 충족되어야 한다. 첫째, 양측의 팔이 수직인 상태에서 손을 맞잡아야 한다. 그래야 양측이 어느 쪽보다 우월하거나 열등하다는 의미가 들어가지 않는다. 둘째, 악수할 때 양측의 악력이 같아야 한다. 당신이 70% 정도의 힘으로 상대의 손을 쥐었는데, 그 사람이 50% 정도의 힘으로 당신의 손을 맞잡았다면, 얼른 20%의 힘을 빼

진심은 감추고 본심은 읽어라

야 한다. 반면 상대가 90%의 힘으로 당신의 손을 맞잡는다면, 당신도 20%의 힘을 올려 같은 악력으로 상대의 손을 맞잡아야 한다.

상대보다 먼저 세게 혹은 약하게 악력을 조정하는 사람은 상황과 신체언어의 규칙을 이해하는 정도에 따라 세기를 결정하게 된다. 열 명과 악수를 해야 한다면, 모두 같은 정도의 악력으로 악수해야 한다. 그래야 모든 사람을 동등한 수준으로 사귈 수 있다.

남성이 여성과 악수할 때는 악력을 조절하여 남성과 할 때보다 힘을 뺄 필요가 있다. 이는 존경의 표시다. 여성에게 적극적인 남성은 악수할 때 저절로 손의 힘을 뺀다. 상대가 불편할 정도로 손을 꽉 잡으면 상대를 지배하려 든다는 의미로 해석될 수 있으며, 존경심이 부족하고 매너가 없거나 공감 능력이 결여된 사람으로 비칠 수 있다. 여성과 악수할 때 남성이 손을 과도하게 세게 잡으면, 여성의 의견을 존중하지 않는다는 뜻으로 해석될 수 있으므로 상대 여성에게 경계심을 불러일으킬 수 있으니 주의하자.

따라서 악수할 때는 늘 맞잡는 손아귀의 힘을 생각해야 한다. 남성의 경우 대략 45kg의 악력을 발휘할 수 있지만, 물건을 나르거나 붙잡을 때, 혹은 무언가를 던지거나 때릴 때는 이 정도의 악력이 쓸모 있을지 몰라도, 악수에는 그다지 소용이 없다! 2017년 벨기에 브뤼셀에서 열린 나토NATO 회의에서 미국의 도널드 트럼프 대통령이 프

손을 아래위로 흔들기
: 대등함, 이해하고 있음

랑스 에마뉘엘 마크롱Emmanuel Macron 대통령과 악수를 나누던 장면을 기억하는가? 서로의 손을 붙잡고 힘자랑을 하는 그들의 모습이 재미있는 해프닝이 되긴 했지만, 좋은 신체언어라고는 할 수 없다.

당신과 가깝게 지내고 싶어요

양손 모두를 쓰는 소위 '글러브 악수glove handshake'는 온화함과 믿음과 친절을 드러낸다. 하지만 여기서도 두 가지를 명심해야 한다.

첫째, 양손으로 악수를 하겠다는 의도를 분명하게 드러내는 것은 왼손의 처음 위치다. 양손으로 악수하려는 사람은 마치 상대를 포옹할 것처럼 팔을 벌리는데, 이런 동작에서는 호의적인 관계를 바라는 욕구가 드러난다. 이때 왼손은 친밀감을 표시하는 수단이다. 상대의 오른팔을 잡는 왼손의 위치가 올라갈수록, 상대와 가까워지고 싶다는 욕구가 더욱 분명하다. 당연히 호의의 표현이다. 왼손으로 상대의 팔꿈치를 잡으면 손목을 잡는 것보다 더욱 다정한 느낌을 준다. 그러나 이런 동작을 취할

양손으로 하는 악수
: 신뢰, 다정함

때는 상대를 안심시키는 다른 신호도 함께 주어야 한다. 그래야만 악수로 상대를 제압하려 든다는 오해를 사지 않을 수 있다.

둘째, 악수를 먼저 청하는 쪽은 자신의 왼손이 상대의 개인 공간을 어느 정도 침범하는지 인지해야 한다. 상대와 이미 돈독한 관계라면 손목을 잡거나 팔의 윗부분을 잡으면서 유대감을 쌓을 수 있다. 왼손으로 상대 팔의 윗부분을 가볍게 잡는 것은 상당한 애착관계를 드러내는 행위로 포옹에 가까운 효과를 얻을 수 있다. 다만, 상대가 같은 호감을 갖고 있지 않거나 악수를 청하는 쪽이 그렇게까지 다정해야 할 이유가 없다면, 글러브 악수가 자칫 의심만 일으켜 불신을 낳을 수 있다. 따라서 이런 유형의 악수에는 진정성 있는 동기가 우선되어야 하며, 단지 좋은 인상을 주겠다는 욕구가 앞서면 좋은 결과로 이어지기 힘들다는 걸 기억하라.

흥미롭군요!

교육기간 중 우리는 종종 시험 결과를 검토하는 사람들이 느긋한 자세로 발을 '쭉' 뻗고 있는 모습을 목격했다. 보통 시험 자체를 흥미롭게 여기는 사람에게서 이런 자세가 나

발을 뻗는 동작 : 흥미, 용인

온다. 마찬가지로 여러 사람과 대화를 나누는 중에 어떤 사람이 꼬고 있던 다리를 갑자기 풀면서 앞으로 쭉 뻗는다면, 그 역시 당신이 하는 말에 흥미를 느끼고 당신을 인정한다는 신호로 해석할 수 있다. 이때 당신도 상대의 이야기에 관심 있다는 표시를 하고 싶다면, 같이 발을 뻗으면 된다.

당신 뜻에 따를게요

동물도 종종 머리를 한쪽으로 기울이는 자세를 취한다는 걸 아는가? 먹잇감을 덮치는 호랑이는 상대의 목을 노린다. 그곳이 가장 취약하기 때문이다. 마찬가지로 수컷 이리가 암컷을 차지하거나 무리의 우두머리 자리를 두고 싸울 때도 상대의 목을 노린다. 그렇다면 인간이 머리를 기울여 한쪽 목을 드러내는 동작은 어떤 의미일까? 기꺼이 약자가 되겠다는 신호다.

머리를 한쪽으로 기울이기
: 취약함, 관심, 이해

상대에게 신뢰를 보내거나 관심을 드러낼 때, 상대를 인정하고 약속을 할 때, 우리는 상대에게 목을 드러낸다. 그것은 상대가 하자고 하는 대로 따르겠다는, 거의 항복에 가까운 신호라고 할 수 있다. 자신의 목을 드러냄으로써 우리는 상대와

진심은 감추고 본심은 읽어라

다투지 않고 상대의 말을 받아들일 준비가 되어 있다는 의사를 알린다. 이야기를 나누는 상대가 머리를 한쪽으로 기울인 채 당신의 말을 듣고 있다면, 그것은 당신을 신뢰하며 당신의 말을 받아들인다는 뜻이다.

누군가와 협상을 하거나 토론을 벌이는 상황에서 상대가 몇 가지 부정적인 태도, 이를테면 주머니에 손을 넣거나, 팔짱을 끼거나, 수상하다는 듯 턱을 만지거나, 뒷짐을 지거나, 어깨에 힘을 주거나, 무례한 표정을 짓거나, 깍지를 끼거나, 몸을 돌리는 행위 등의 비언어적 신호를 보이면서 당신의 말을 자꾸 끊는다면, 머리를 약간 오른쪽으로 기울여보라.

당신 참 좋아 보여요

누군가와 마주쳤을 때 당신은 어떤 태도와 표정을 짓는가? 만약 당신이 미소를 지으면, 상대도 덩달아 미소로 답할 것이다. 이처럼 서로에게 미소를 지으면 두 사람 사이에 긍정적인 감정이 싹트게 된다. 이와 같은 교감은 보통 저절로 일어난다. 선사 시대에도 우리 조상들은 미소를 통해 상대에 대한 호의를 드러내거나 소속감

미소 : 호의

을 나타냈다. 요즘에는 어떤가? 사실 미소는 처음 보는 낯선 사람과 어색함을 깨는 데 이용되기도 한다. 하지만 평소에도 사람들에게 자주 미소를 짓고 웃는다면(그래서 아예 그것이 제2의 천성이 된다면), 인간관계도 매우 원만해지고 관계가 오래 지속되는 긍정적 결과를 얻을 수 있다.

대화나 토론 중에는 미소를 자주 지어 상대의 말을 이해하고 있다는 것을 보여줄 필요가 있다. 다만 수줍음을 숨기기 위해 습관적으로 미소를 남발하는 사람들도 있는데, 그럴 경우에는 시간이 지날수록 오히려 자신감이 떨어진다. 또 비즈니스 관계에서는 잦은 미소가 타인에게 진지한 느낌을 주지 못해 마이너스가 될 수 있다는 것을 기억하자.

🗨 눈 맞춤의 시간

대개 서양인은 대화를 할 때 상대와 적어도 70% 이상의 시간 동안 눈을 맞춘다. 1979년 프레츠 브루스 R.^{Fretz Bruce R.}과 콘 로저^{Corn Roger}, 튜믈러 재닛 M^{Tuemmler, Janet M.}과 벨렛 윌리엄^{Bellet William}은 다수의 상담 심리학 저널을 통해, 의사와 환자가 눈을 맞추면 유대감이 강화되어 치료 효과가 커진다는 사실을 밝혔다.

눈 맞춤의 시간은 70%가 적당한데, 그 이상이 되면 오히려 공격적으로 느껴지거나 섬뜩한 느낌을 주게 되어 상대를 불편하게 만들 수 있다. 특히 동양인은 서양인에 비해 비교적 상대와 눈을 자주 맞추지 않으며, 마주치더라도 오랫동안 쳐다보지 않는다. 서양에서는 눈을 마주치는 것이 어느 정도 긍정적인 행위로 간주되지만, 아시아에서는 자칫 실례가 될 수 있기 때문이다. 직원이 상사와 눈을 마주치지 않는 경우도 많은데, 이는 수줍거나 당황스럽다는 증거가 아니라, 존경한다는 뜻이기도 하다.

더 알기

버락 오바마의 습관

미국의 전 대통령 버락 오바마는 누군가와 토론할 때마다 자신의 머리를 자주 기울이는 모습을 보였다. 앞서 말했듯 동물의 경우 이런 식으로 자신의 경정맥을 드러내는 것은 상대를 믿는다는 신호다. 개가 벌러덩 드러누워 배를 드러내는 것과 비슷한, 일종의 항복 신호다. 오바마 대통령은 이러한 방법으로 정적들에게 자신의 이해심을 드러냄으로써 결과적으로 그들의 적대감이나 반발의 강도를 누그러뜨리곤 했다. 그가 처음 선거운동을 할 당시의 사진들을 살펴보면, 한쪽으로 머리를 기울인 채 연설하고 있는 모습을 어렵지 않게 찾을 수 있다. 상대를 신뢰하며 그 뜻을 받아들일 자세가 되어 있음을 강조함으로써 유권자들을 결집시키려는 의도가 분명히 드러나는 부분이다.

당신의 이야기를 잘 듣고 있어요

고개 끄덕이기 : 경청, 관심

대화를 할 때 고개를 끄덕이는 제스처는 상대를 인정하고 상대의 말을 경청하고 있다는 표시다. 상대가 더 많은 말을 하도록 유도하고 싶다면, 열린 자세로 머리를 끄덕이는 것이 좋다. 1983년 발표된 자료에 따르면, 대화 도중 머리를 끄덕이는 동작은 소통을 원활하게 만들고 서로의 이해를 높이는 데 도움이 된다.

나와 정말 잘 맞네요

대화를 나누고 있는 상대가 당신의 신체언어를 그대로 따라 한다면 어떤가? 그에게 인정받고 있다는 느낌을 받게 된다. 이와 같은 미러링mirroring은 서로에게 호감을 표현할 수 있는 아주 좋은 첫 걸음이다. 친구나 연인끼리는 의식하지 않아도 저절로 미러링이 이루어진다. 언젠가 누군가와 다정한 대화를 나눌 기회가 생긴다면, 잠깐 물러나서 상대의 신체언어를 지켜보라. 상대의 동작이 당신과 매우 비슷하다는 것을 금방 알아차리게 될 것이다. 아이들 역시 부모의 비언어적 동작을 자주 따라 한다. 하지만 엘리베이터에

진심은 감추고 본심은 읽어라

상대의 신체언어 따라 하기 : 긍정, 의견 동의

서 처음 만났다거나 같은 줄에 서 있는 낯선 사람, 혹은 싫어하는 사람의 신체언어는 잘 따라 하지 않게 된다.

신체언어 미러링은 타인과 금방 친해질 수 있는 아주 효과적인 방법이다. 만약 당신이 중요한 사람을 처음 만나게 되는 자리에 나갔다면, 그 사람의 자세와 동작, 표정 혹은 음색을 흉내 내보라. 단, 너무 똑같이 흉내 내지는 말고 따라 하기 쉬운 것만 조금씩 따라 해보는 것이다. 그렇게 시간이 조금 흐르면, 상대는 자신도 모르는 사이에 당신을 편안하게 생각할 것이다. 그는 당신을 통해 자신의 모습을 볼 수 있으므로 나중에도 당신을 이야기가 통하는 사람으로 기억할 가능성이 크다.

우리 진지하게 이야기해볼까요

상대의 이야기를 들을 때는 몸을 조금 앞으로 기울인 채 가볍게 고개를 끄덕이는 자세가 좋다. 시선을 상대에게 고정하고 머리를 오른쪽으로 살짝 기울여보라. 이야기를 나누는 중에는 팔짱을 끼거나 다리를 꼬지 않도록 주의해야 한다. 서 있는 자세로 이야기를 나눌 때는 허리를 꼿꼿이 세우는 것이 좋다. 그렇게 하면 심호흡을 하기에 편하고, 필요한 공간도 확보할 수 있다. 상대 역시 당신의 말을 들을 준비를 하면서 당신의 이야기에 좀 더 흥미를 갖고 그 견해를 보다 진지하게 받아들이게 될 것이다.

나는 편한데, 당신은 어때요?

프레젠테이션을 할 때는 최초 몇 분에 세심한 주의를 기울여야 한다. 이 순간이 당신의 첫인상을 좌우하기 때문이다. 이때도 중요한 것은 신체언어다. 언제나 같은 말로 프레젠테이션을 시작한다고 해도, 비언어적 소통 방식에 따라 참석자가 당신의 말을 받아들이는 결과는 달라진다. 특히 몸으로 표현하는 언어가 목소리와 어조에도 큰 영향을 미친다는 것을 기억하자.

정치인들이 신체언어 전문가에게 교육을 받는 것도 이 같은 이유에서다. 그들은 청중을 대하는 방식을 바꾸기 위해 훈련받는다.

하지만 정치인들이 저지르는 흔한 실수 중 하나는, 내면의 감정을 바꾸지 않은 채 그저 외운 동작과 제스처를 기계적으로 재현하는 것이다. 그럴 경우 동작과 제스처가 부자연스럽고 인위적으로 보이기 때문에 솔직하다는 인상을 주지 못한다.

2016년 미국 대선 당시, 많은 유권자가 힐러리 클린턴에게서 진실성을 느낄 수 없다고 이야기했다. 몸에서 배어나오는 자연스러운 제스처가 아닌, 철저히 배워서 익힌 동작에 의존한 탓에 그녀의 움직임은 매우 뻣뻣했고 인위적으로 비쳤다. 오랜 훈련 덕분에 침착해 보이긴 했으나 다소 위선적이라는 인상을 지울 수 없었다.

2012년 미국 대선 기간 중 보였던 버락 오바마와 미트 롬니의 신체언어도 좋은 비교 대상이다. 오바마는 감정 처리에 확실히 능숙했다. 제스처와 표정과 말이 일치했기 때문이다. 청중은 그의 연설에서 진심을 느꼈다. 롬니의 경우 제스처와 표정이 말과 다소 조화를 이루지 못할 때가 많았다. 어쩔 때는 전혀 맞지 않았다. 미리 달달 외워서 하는 대사 같다는 인상 때문에 별다른 설득력을 지니지 못했다.

우리는 확신이 없거나 마음에 없는 말을 할 때는 자신도 모르는 사이 그런 의도를 신체언어를 통해 드러낸다. 따라서 신체언어의 변화는 항상 내면의 감정 변화에서 시작되어야 한다.

프레젠테이션을 할 때는 자신이 발표하고자 하는 내용과 어울리는 기분을 갖는 것이 중요하다. 친구와 이야기하는 기분으로 말하고 생각하는 것도 괜찮은 방법이다. 친구와 편안하게 이야기를 나눌 때 자신의 신체언어를 유심히 봐두었다가 이를 연단으로 옮기면 된다. 편안하고 익숙한 환경에 있을 때와 같은 방식으로 느끼고 행동하도록 애쓸 필요가 있다.

그런 점에서 나는 고양이를 닮으라는 말을 하곤 한다. 고양이의 행동을 유심히 살펴보라. 걸어갈 때나 앉아 있을 때, 혹은 잠을 잘 때 고양이의 자세가 어떤가? 고양이는 늘 여유가 있고 느긋하다. 고양이처럼 완전히 편안한 자세를 취해보라. 아주 느긋한 모습이 나올 때까지 이런 자세를 연구하고 연습해보라. 그다음 실제 프레젠테이션을 할 때 이를 똑같이 구현하는 것이다. 지면에 발바닥을 굳게 디딘 채, 편안한 자세를 취해보라. 당신이 편안해야 청중도 당신을 편안하게 느낀다.

당신을 존중합니다

복장은 타인에게 좋은 인상을 줄 수 있는 중요한 요소 중 하나다. 물론 신체언어를 완전히 마스터하고 자유자재로 활용할 수 있는 사람이라면 수영복을 입고도 회장님 같은 권위를 풍길 수 있을 것이다. 그러나 그러기가 어디 쉬운가? 다만 상대의 기대와 환경, 분위기에 걸맞은 복장을 갖춘다면 긍정적인 영향을 미칠 수 있다.

깔끔하고 단정한 복장은 청중을 존중하고 있음을 보여주는 첫 번째 신호다. 사람들 앞에 설 때 우리는 가장 세련되고 멋진 옷을 입어 잘 보이려고 애를 쓴다. 이런 정성은 대체로 효과를 발휘한다. 반대로 헐렁한 바지나 낡은 스웨터를 입고 회의실로 들어간다면 좋은 첫인상을 남길 수 없다. 만나게 될 상대와 어울리거나 그 사람의 이미지를 반영하는 스타일의 옷을 입는다면, 그 사람은 당신을 자신과 좀 통하는 사람이라고 생각하게 될 것이다.

청중을 대상으로 하는 프레젠테이션을 준비할 때도 같은 원칙을 적용할 수 있다. 청중의 심리를 파악해야 한다. 어떻게 하면 그들의 관심과 이해를 자극할 수 있을지 생각해보라. 어떻게 해야 미소와 따뜻한 박수를 이끌어낼 수 있을까?

몇 해 전, 우리는 카타르에서 프레젠테이션을 했다. 대부분의 참석자들은 아랍 전통의상을 입고 있었다. 남성들은 통이 넓은 소매와 길이가 긴 하얀 가운을 입고 터번을 썼고, 여성들은 검은색 천을 머리부터 발끝까지 두른 뒤 스카프 같은 것으로 얼굴을 가리고 있었다. 그들 모두가 신체언어에 대해 배우고자 한자리에 모였다. 발표자로서 우리는 초반에 청중의 마음을 사로잡고 그들을 내 편으로 만들어야 했다. 그런데 어떻게?

첫째, 우리는 주어진 환경에 어울리는 옷을 입기로 했다. 소매가 긴 상의와 발목까지 덮는 긴 하의를 입고, 우리는 연단에서 적당한 거리를 둔 채, 무례하다고 오해를 살 만한 손짓은 피하기로 했다. 둘째, 패트릭은 짧은 아랍어 몇 마디로 프레젠테이션을 시작했다. 그러자 즉석에서 박수가 터져 나왔다. 어색함이 사라졌다.

이처럼 낯선 장소를 처음 찾을 때는 지역의 복식과 올바른 인사법을 알아두는 것이 좋다. 가령 카타르에서는, 남성은 남성끼리 여성은 여성끼리 악수하는 것이 관례다. 이런 사항을 미리 알아두면 지역 문화의 금기를 깨지 않고도 소기의 목적을 달성할 수 있다.

한번은 새롭게 트레이너를 선발해 모집 상담원들을 대상으로 하는 프레젠테이션을 맡겼다. 그는 프레젠테이션의 주제로 '첫인상'을 택했다. 좋은 주제였다. 바로 일주일 전 그가 프레젠테이션하는 걸 본 적이 있었기에 이번에도 잘해낼 것이라 믿어 세부적인 내용은 묻지 않았다. 그런데 프레젠테이션이 시작되자 기절초풍할 일이 벌어졌다. 그가 느닷없이 광대 복장을 하고 연단에 오른 것이다!

그는 진지한 표정의 청중을 억지로 설득해 함께 노래를 부르게 했지만, 기대만큼 흥이 오르지 않았다. 모두들 시큰둥했다. 내게 흥미롭고 재미있는 것이 과연 다른 사람에게도 흥미와 재미를 주는지는 신중하게 생각해봐야 한다.

 ## 신뢰를 얻고 싶을 때

말을 할 때 자신의 표정과 제스처에 세심한 주의를 기울이면, 상대도 경청하게 된다. 누구나 폐쇄적인 포커페이스보다는 신뢰감을 주는 개방적인 자세와 표정을 좋아한다. 이런 주장은 1987년 애리조나대학 데보라 코커Deborah Coker 교수와 주디 버군Judee Burgoon 교수에 의해 처음 이론으로 정립되었다.

진심은 감추고 본심은 읽어라

우리는 얼굴 표정만으로 여러 중요한 표현을 할 수 있고, 손동작으로 말의 내용을 뒷받침할 수 있으며, 이를 통해 상대가 자신의 말에 더욱 집중하게 만들 수도 있다.

앉아 있을 때는 손을 몸통과 턱 사이에 위치시키는 것이 소통에 매우 효과적이다. 이 위치가 소위 말하는 '클린턴 박스Clinton box'인데, 이에 대한 구체적인 설명은 다음 장에서 하겠다. 물론 신체언어를 통한 표현은 우리가 하는 말의 내용과 조화를 이루어야 한다. 어색하고 예상과 다른 손동작은 오히려 신뢰감을 떨어뜨리며 때로는 공격적으로 해석될 수도 있기 때문이다.

더 읽기

보톡스와 신체언어

남가주대학교와 듀크대학교 연구진들은 얼굴에 맞는 보톡스가 인간의 공감 능력을 떨어뜨린다는 연구 결과를 발표했다.

보통 보톡스는 근육의 움직임을 일정 기간 마비시켜 주름을 제거하는 방법으로 쓰이는데, 실제로 보톡스 주사를 맞으면 안면 근육이 경직돼 상대의 표정을 흉내 내기 어렵게 된다. 의지와 상관없이 저절로 작동하는 거울신경의 활동이 제한되는 것이다. 따라서 타인의 모습에서 관찰한 정서를 재생하는 능력이 떨어져, 그들과 정서적 유대감을 조성하고 공감을 드러내는 데 문제가 생긴다. 보톡스 효과를 연구한 컬럼비아대학교 팀도 같은 결론에 도달했다.

위스콘신대학교 매디슨캠퍼스의 데이비드 하바스[David Havas] 교수는 "보톡스는 인간의 정서적 언어 처리 과정을 선별적으로 방해한다"고 밝혔다. 이후 발표된 논문들도 이를 좀 더 쉽게 정리했다. 한마디로, 보톡스 주사를 맞으면 상대의 얼굴에 드러나는 언어를 읽을 수 없으므로 우정에 금이 갈 수 있다.

상체를 앞으로 기울이기 — 긍정적 감정, 관심

손바닥 보이기 — 개방, 정직

손목 보이기 — 개방, 성실성

입 근처에서 손동작 — 자신의 말 강조

테이블 위에 손 펼쳐 놓기 — 개방, 용인

손으로 말하기 — 부연 설명

손을 아래위로 흔들기 — 대등함, 이해하고 있음

양손으로 하는 악수 — 신뢰, 다정함

발을 뻗는 동작 — 흥미, 용인

머리를 한쪽으로 기울이기 — 취약함, 관심, 이해

미소 — 호의

고개 끄덕이기 — 경청, 관심

상대의 신체언어 따라 하기 — 긍정, 의견 동의

3장

긍정과 호감을
의미하는
신체언어

이 장에서 다룰 내용 ✏️

- 자신감을 끌어올리는 파워 포지션
- 자신감을 드러내면서도 거만해 보이지 않는 법

몇 해 전 유명한 사업가들을 상대로 세미나를 개최하던 날 아침, 우리는 난감한 상황에 처했다. 그날따라 신경 써서 멋진 셔츠와 바지를 차려 입은 패트릭이 교육장에 도착하고 나서야, 자신이 엉뚱한 신발을 신었다는 걸 알게 된 것이다. 크록스 샌들이라니! 교육이 시작된 후, 나(카시아)는 슬그머니 교육장을 빠져나와 패트릭의 구두를 가지러 15분 동안 자리를 비웠다. 결국 패트릭은 첫 쉬는 시간이 되어서야 신발을 갈아 신을 수 있었다.

휴식이 끝나고 수업이 재개되었을 때, 우리는 참석자들에게 패트릭의 겉모습에서 뭔가 달라진 점이 없느냐고 물었다. 모두들 고개를 갸우뚱했다. 크록스 샌들은 금방 눈에 띄는 형태였기에 아무리 생각해도 그들의 반응이 납득되지 않았다. 어떻게 그 많은 사람 중 한 사람도 눈치를 채지 못했다는 말인가? 이유는 간단했다. 교육을 진행하는 패트릭의 모습에서 자신감이 넘쳤으니까.

이번 장에서는 진지한 장소에서 크록스 같은 말도 안 되는 신발을 신어도 아무도 눈치채지 못할 만큼 자신감 넘치게 보일 수 있는 요령을 알려줄 것이다. 또한 자신감과 우월감을 드러내는 신호를 알아차리는 방법도 살펴보려고 한다. 이런 제스처나 표정을 가리켜 '파워 포지션power positions'이라고 하는데, 이 파워 포지션은 내면의 힘을 겉으로 고스란히 드러낸다.

여기는 내 영역이야

매사에 자신 있는 사람은 늘 승자의 포즈를 취한다. 승자는 어떤 공간에 들어가도 주변의 분위기를 단번에 장악한다. 그가 승리에 익숙하다는 사실을 다른 사람들이 분명히 알아챌 수 있을 정도로 말이다. 그들의 자세뿐 아니라 표정에서도 승자의 권위가 묻어난다. 그런 이들에게 성공은 너무나 자연스럽게 다가오기 때문에 성공을 생각할 필요조차 없어 보인다.

그는 똑바로 선 채 한껏 개방적인 자세로 박력 넘치는 행동을 취하며, 매사에 흥미로운 표정을 짓는다. "이곳은 아주 편안하군. 여기는 내 영역이야." 그의 몸이 마치 이렇게 말하는 것처럼 느껴진

승자의 포즈 : 자신감

다. 그는 여유롭게 방에 들어가 많은 공간을 차지한다. 어떤 공간이든 제 집처럼 거니는 고양이의 모습을 닮았다. 우아하고 유연하게 움직이는 고양이는 언제 어떤 자세를 취하든 편안해 보인다.

어떤 것도 두렵지 않아

긴장감이라고는 찾아볼 수 없을 만큼 편안하게 내려온 어깨와 당당해 보이는 목을 드러내는 것만으로도 자신감을 과시할 수 있다. 어깨를 약간 뒤로 제치고 가슴을 살짝 앞으로 내밀어보라. 이런 자세는 모험과 힘과 용기를

긴장을 푼 어깨 : 자신감, 용기

상징한다. 선사시대에는 뻐기는 듯한 몸짓으로 가슴을 내미는 행위가 다치는 것 따위는 아랑곳하지 않는다는 자신감의 표현이었다.

허리를 곧게 세우고 똑바로 서면, 시선이 저절로 정면을 향하게 되고 상대와 눈을 맞추는 것도 두렵지 않게 된다. 업무 관련 회의를 하는 중에도 이런 식으로 가슴을 내미는 사람의 말은 모두가 경청할 수밖에 없다.

제 말은 이렇습니다

말할 때 턱을 활발하게 움직이는 것 역시 자신감의 표현이다. 입을 크게 벌리면 발음이 정확해진다. 스트레스를 받거나 겁을 먹었을 때는 턱 근육이 수축되어 발음이 또렷하게 나오지 않는다. 이때 턱 근육의 긴장을 풀 수 있는 간단한 방법이 있다. 하품을 하면서 자신의 이름을 말해보라. 물론 프레젠테이션이나 토론하기 전에 해야 한다. 도중에 하지 말고!

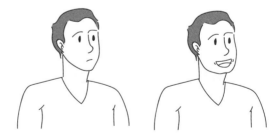

크게 움직이는 턱 :
숨길 게 없는 자신감

저의 제안이 어떤가요?

건강한 자신감이 발휘되는 상황에서는 보통 몸을 곧게 펴기 때문에, 평소 자신의 키보다 2~3cm가 더 커진다. 이런 사람은 목을 늘이고 상대의 눈을 똑바로 바라본다. 영화 〈007〉 시리즈의 주인공 제임스 본드의 자세가 바로 그렇다. 다만 업무 관련 회의를 진행 중이라면, 제임스 본드의 포즈 가운데 한 가지는 바꿔야 한다. 즉 차갑고 단호한 표정이 아닌, 온화하고 상냥한 미소를 짓는 것이다. 상대가 당신을 다정하고 친절한 사람으로 느낄수록, 당신의 제안이나 서비스를 받아들일 확률이 올라간다. 자신 있어 보이는 태도에 호감까지 더해지면, 상대와의 협상이든 비즈니스든 성공할 확률이 그만큼 올라가는 것이다.

등을 곧게 편 자세
: 자신감

긴장하고 있나요?

앞서 말했듯, 몸의 긴장을 풀어야 사람들과의 교류를 호전시킬 수 있다. 느긋한 자세는 자신감은 물론 통제의 신호다. 예를 들어,

구직을 위해 면접에 임하는 지원자가 느긋한 자세를 취하고 있다면, 사람들은 그를 자신감 있는 사람으로 볼 것이다. 면접 심사를 보는 입장이라면, 인터뷰 도중 지원자가 언제 긴장하고 언제 긴장을 푸는지 세심히 살펴볼 필요가 있다. 지원자가 이전 직장에 대해 이야기할 때 긴장하는지 아닌지를 보면, 그가 이전 고용주와의 관계가 어땠는지 또 그곳에서 어떻게 근무했는지 그리고 어느 정도의 성과를 거두었는지를 짐작할 수 있다. 지원자가 시종일관 느긋하고 여유 있는 모습으로 이야기한다면 그곳에서 긍정적인 피드백을 많이 받았다는 증거다.

이처럼 몸의 긴장과 이완 정도는 특정 질문에 대한 반응을 살필 때 유용하게 활용할 수 있는 요소다. 상품에 관한 설명을 듣고 있는 고객에게 해당 상품을 구입할 의사가 있느냐고 물었을 때 갑자기 그가 긴장한다면, 아무리 살 것처럼 보여도 그럴 가능성이 작을 것이다. 상대가 무엇을 힘들어하고 어떤 부분을 편안하게 느끼는지도 근육의 이완 정도로 추측할 수 있다.

일을 하든 사람들과 대화를 하든 늘 잔뜩 긴장한 몸과 자세로 임하는 사람들이 있다. 그런 이들을 어떻게 해석해야 할까? 그들은 자신에게 큰 기대를 가지고 있을 가능성이 크다. 문제는 그러한 긴장감이 목표를 이루는 데는 크게 도움이 되지 않는다는 것이다. 몸이 너무 긴장하면 일을 효과적으로 처리하기 힘들다. 고객서비스센터에서 일하는 사람도 마찬가지다. 먼저 자신의 마음이 느긋해야 고객 응대도 수월하게 할 수 있다.

진심은 감추고 본심은 읽어라

인간은 본능적으로 긴장의 신호를 보내는 사람을 피하려고 한다. 그들은 문제를 일으킬 수 있고, 갑자기 타인에게 위협을 가할 수도 있다. 반면, 언제나 느긋하게 여유가 있는 사람은 주변을 장악하고 있으며, 자신이 맡은 일을 합리적이고 적절한 방식으로 처리하고 있다는 인상을 준다.

만약 당신이 직장에서 습관적으로 긴장하는 것 같다면, 요가 강습을 받아보길 추천한다. 규칙적으로 수영하거나 마사지를 받는 것도 괜찮은 방법이다. 그렇게 몸에 쌓인 긴장을 해소하고 나면, 고객을 대하기가 한결 쉬워졌음을 몸으로 느낄 수 있을 것이다.

나는 진실을 말하고 있어요

대화 도중 눈을 자주 깜빡이거나 타인의 시선을 피하는 사람이 있지 않은가? 자신감 있는 사람은 그런 낌새 없이 상대의 눈을 똑바로 응시한다. 만약 당신이 던지는 질문에 얼굴을 만지작거리지 않고 당신을 똑바로 바라보면서 그에 어울리는 표정을 짓는 사람이라면, 그가

상대를 향한 당당한 시선
: 자신감

하는 말을 신뢰해도 좋다. 이런 태도는 자신의 말에 확신을 가지고 있는 사람에게서 볼 수 있는 것이기 때문이다. 새로운 프로젝트를

제시하면서 고객의 의향을 물었을 때, 그 사람이 당신의 눈을 피하지 않고 확실하게 긍정적인 답변을 했다면 그 사람의 관심과 만족감이 진심이라고 생각해도 좋다.

확신하건대

피라미드 형태의 손동작
: 자신감

두 손의 손가락 끝을 약간 구부려 모아 가볍게 누르며 앞으로 기울이면, 피라미드 모양이 된다. 이렇게 손으로 만드는 피라미드는 가슴 높이에서 만들 수도 있고 배 높이에서 만들 수도 있다.

보통은 자신감이나 우월감을 가진 사람들이 자주 이러한 손동작을 취하곤하는데, 그렇지 않은 사람도 자신의 자존감을 강조하기 위해 이런 손 모양을 만들기도 한다. 상사와 부하의 관계에서도 이런 제스처가 종종 목격된다.

비교적 높은 지위에 있는 사람이 아랫사람에게 해야 할 일을 설명하거나 충고할 때 피라미드 형태의 손동작을 자주 보인다. 토론을 주도하는 사람이나 강의를 하는 교수, 인터뷰에 임하는 정치인들 역시 손 피라미드를 만든다. 이러한 제스처는 그 자신이 지금

진심은 감추고 본심은 읽어라

무슨 말을 하고 있는지 잘 알고 있으며, 상황을 지배하고 있다는 것을 암시한다. 영화감독이나 유능한 영업사원, 판사, 세무 전문가 등 다양한 분야의 전문가들도 피라미드 손동작을 자주 취한다. 대개는 자신의 말에 확신을 가지고 있을 때 나오는 포즈다.

자신 있는 사람은 타인의 말을 들을 때, 대개 비교적 낮은 위치인 자신의 배 높이에서 손 피라미드를 만든다. 배 높이든 가슴 높이든 이런 동작은 긍정적인 신호일 가능성이 크지만, 언제나 예외가 있으므로 이 제스처에 앞서 나타나는 신체언어를 세심하게 관찰할 필요가 있다. 이런 동작을 취하기 전에 보인 비언어적 언어가 부정적이라면, 그다음 취한 피라미드 형태의 손동작 역시 부정적 견해에 대한 확신으로 봐야 한다.

만족시킬 자신이 있습니다

'공 잡기' 포즈는 피라미드 손동작의 변형이라고 볼 수 있는데, 손가락을 구부리는 정도는 같지만 손가락을 서로 맞대고 누르는 것이 아니라, 두 손을 20~30cm 정도 떼어 간격을 둔다는 점에서 다르다. 마치 두 손으로 농구공을 잡은 것처럼 보이기도 해서 보통 '공 잡기' 포즈라고 부른다. 이 역시 자신감에서 우러나오는 동작이지만, 위협적인 느낌은 별로 없고 피라미드에 비해 해석의 범위가 모호한 편이다.

스티브 잡스의 공

스티브 잡스Steve Jobs의 프레젠테이션 스타일은 유명하다. 그는 청중들 앞에서 무언가를 설명할 때 손가락을 안쪽으로 둥글게 말아 20~30cm가량 떨어뜨린 채 공을 잡고 있는 것처럼 자세를 취할 때가 많았는데, 여기서 잡스 특유의 자신감이 드러났다. 검정색 셔츠와 청바지 같은 특별히 격식을 차리지 않은 옷차림새였지만, 그는 설득력 있는 연사들에게서 종종 목격되는 공 잡기 포즈와 그에 어울리는 비언어적 신호로 많은 청중에게 강렬한 메시지를 던졌다.

자신감 있는 신체언어를 구사하고 싶다면, 스티브 잡스나 그 밖에 훌륭한 대중 연설가로 유명한 이들의 영상을 찾아 분석하여, 거울 앞에서 그들의 포즈와 제스처를 따라 연습하는 것도 좋은 방법이 될 것이다.

공을 잡은 듯한 손 모양
: 자신감

잘 돼가고 있어!

엄지손가락이 강한 자부심의 상징이라는 사실은, 많은 과학자의 주장은 물론 여러 나라의 전통에서도 확인할 수 있다. 그러나 엄지손가락의 위치

엄지 척! : 오케이, 순조로움

와 동작에 따라 해석은 천차만별로 달라질 수 있다. 엄지손가락은 주로 자신감을 상징하지만, 때로는 상황을 지배하려는 의지나 거만함을 숨기려는 의도, 심지어 공격 본능을 억제하고 있다는 신호가 되기도 한다.

문화권에 따라 차이가 있긴 하지만, 엄지손가락을 위로 치켜들면 잘 되었거나 잘 돼간다는 뜻이다. 반면 엄지를 아래쪽으로 돌리면 그 반대의 의미가 된다.

사실 위로 들고 있던 엄지를 아래 방향으로 내리는 제스처는 고대 로마시대 검투사들의 시합에서 시작된 것으로 추측된다. 관중들은 시합에서 패한 검투사가 처형당하길 원할 때 이러한 제스처를 취했다. 엄지를 아래쪽으로 돌리면 나약하고 비굴하기까지 한 검투사를 죽이라는 신호였던 것이다. 반대로 경기에서 검투사가 상대에게 패하더라도 그가 용감히 싸웠으면 군중이 엄지를 위로 올려 목숨을 부지하게 해주었다.

내가 이런 사람이야

자신을 엄지로 가리키는 것은 보통 누군가를 비웃거나 자신의 우월성을 드러낼 때 취하는 동작이다. 자기 자신을 우월하게 여기며 사람들 앞에서 과시하려고 할 때 이런 제스처가 나온다. 다만 상사나 동료 들과 이야기를 할 때 이런 손동작을 하면 무례하고 불경스러운 신호로 해석될 수 있으므로 조심해야 한다.

엄지로 자신 가리키기
: 자만심, 존경심 부족

이만하면 멋지지 않아?

앞서 말했듯 엄지손가락은 강한 자부심을 상징한다. 그렇다면 서 있는 자세에서 두 손을 바지 호주머니에 넣고 양쪽 엄지만 보이게 내놓는 제스처는 어떤 의미일까? 이 역시 또 다른 자신감의 표현이다. 하지만 그렇게 오만하다는 느낌은 주지 않는다.

호주머니 밖으로 내놓은 엄지
: 자신감, 제압 의지 자제

진심은 감추고 본심은 읽어라

그런데 이러한 자세를 조금 변형해 양손을 뒤쪽 호주머니에 넣고 엄지를 빼놓았다면, 상대를 제압하고 싶어 하는 평소의 기질을 숨긴 것으로 해석할 수 있다.

여성도 엄지를 사용하여 자신의 지배 의지를 강조할 수 있다. 여성이 말을 하면서 엄지를 사용하면 자신의 말에 무게를 싣기 위한 의도로 볼 수 있다. 이때 여성은 자신이 좀 더 커 보이도록 뒤꿈치를 들어 발끝으로 서기도 한다.

너에게 관심 있어

허리 벨트에 엄지손가락을 걸치고 다른 손가락을 성기 쪽으로 향하게 하면, 자신의 공격 성향이나 상대에 대한 성적 관심을 드러내는 것으로 볼 수 있다. 우리는 서부 영화에 등장하는 인물들에게서 이런 포즈를 쉽게 목격할 수 있는데, 대부분은 주인공들의 마초적인 특징을 보여주기 위한 의도가 들어간 제스처다. 이 포즈에서 팔의 위치와 손의 방향은 신체의 정중앙을 강조한다.

허리 벨트에 엄지 끼우기
: 자신감, 오만, 성적 관심

남성들이 이런 포즈를 취하는 건 자신에게 내 영역을 지킬 수 있는 능력이 있고, 상대에게 겁먹지 않았다는 것을 과시하기 위해서다. 물론 여성도 같은 포즈를 사용할 때가 있다. 동물들도 비슷한 포즈를 취한다. 원숭이는 간혹 엉덩이에 양 주먹을 대고 엄지를 앞으로 내미는 동작을 취할 때가 있는데, 이는 "내가 알파메일alpha male(우두머리 수컷)이고 이곳의 대장은 바로 나다!"라는 의미다. 수컷 원숭이가 암컷을 유혹할 때도 이런 포즈를 취한다. 마찬가지로 남성이 이런 포즈를 취한 채 여성 쪽으로 몸을 돌린다면, 그녀에게 매력을 느끼고 있으며 성적 관심이 있다는 분명한 신호다.

그 말이 맞긴 합니다만

팔짱을 낀 자세에서 엄지손가락을 치켜세우는 것은 어떤 사람이나 사물로부터 거리를 유지하려는(팔짱) 의도인 동시에, 자신의 우월감(엄지를 위로 향함)을 드러내려고 하는 시도로 해석할 수 있다. 이러한 포즈가 흥미로운 건, 그것이 오만한 마음을 감추려는 의도를 담고 있기 때문이다.

상사와 대화하는 와중에 이런 자세를 취하는 직원이 있다면, 그는 부하로서 상사에게 존경심을 표해야 한다고 생각하는 동시에, 그럼에도 자신의 의견이 더 좋다는 생각을 은연중에 드러내는 것으로 해석할 수 있다.

양손을 허리에 얹는 동작은 무슨 일을 시작할 준비가 되어 있다는 신호다. 조금 가볍게 한 손만 허리에 놓을 수도 있다.

예를 들어, 당신이 누군가에게 새로운 프로젝트를 맡아달라고 했을 때 상대가 이런 자세를 취한다면 기꺼이 맡겠다는 뜻이다. 마찬가지로 프레젠테이션을 맡은 사람이 이런 자세를 취하면 이제 발표를 시작할 준비가 되었고, 자신 있게 할 수 있다는 신호로 해석하면 된다. 프레젠테이션에서 발표자가 이야기하고 있을 때 다른 한 사람이 허리에 양손을 얹고 있다면, 이는 그가 말하는 사람의 의견에 동의한다는 뜻으로, 그에 따른 조치를 취하거나 그 사람의 말을 뒷받침할 정보를 덧붙이겠다는 의미다.

권위적인 손동작

군이 입을 열어 말을 하지 않아도, 상대에게 메시지를 전달할 수 있는 방법은 얼마든지 있다. 손동작만으로도 우리는 나의 권위와 힘을 과시하고 그 의도를 정확하게 드러낼 수 있다. 누군가에게 어떤 일을 지시할 때 손을 적절히 사용하여 권위와 위엄을 갖추면, 지시를 받는 사람도 쉽게 거부하지 못한다. 자신감이 드러나는 손동작과 관련된 신체언어는 앞으로 차차 논의하겠다.

검지로 상대를 가리키는 동작은 말하는 사람의 주장에 힘을 더해주는 효율적인 무기가 된다. 17세기에도 그랬다. 물론 그때는 그 도구가 손가락이 아닌 칼이었지만! 요즘도 토론의 장에서 의견 갈등이 고조되면 이 같은 손동작이 나오곤 한다. 이때 손목 안쪽을 보이는 것은 자신의 불리한 입장을 숨기려는 의도일 수 있다. 다른 사람에게 일을 지시할 때도 사람들은 검지를 사용한다. 만약 부모가 자신의 아이를 보며 검지로 어지럽혀진 침대를 가리키면, "지금 침대를 정리해야만 아이패드를 보여줄 거야!"라는 의미다.

미국에서 한 가지 실험을 했다. 연구자는 피실험자들을 세 그룹으로 나눈 뒤, 동일한 프레젠테이션 발표자가 같은 내용의 이야기를 하면서 다른 제스처를 취한다면 어떤 반응이 나올지 실험했다. 첫 번째 그룹을 대상으로 하는 프레젠테이션에서 연구자는 발표자에게 손바닥을 위로 향하는 포즈를 취하라고 요청했다. 말했듯, 이런 제스처는 그 사람의 개방성과 성실함을 드러낸다. 두 번째 그룹에서 발표자는

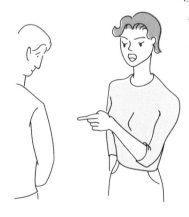

검지로 가리키기
: 과제 할당, 지배 의지, 공격성, 경고

진심은 감추고 본심은 읽어라

손바닥을 아래로 향하는 포즈를 취하라는 당부를 받았다. 이는 상황을 장악하겠다는 신호다. 마지막 세 번째 그룹에서 발표자는 프레젠테이션을 하는 동안 수시로 청중을 향해 손가락으로 무언가를 가리키는 제스처를 취해야 했다. 어떤 결과가 나왔을까?

세 번째 그룹의 청중들은 세 명 중 한 명꼴로 프레젠테이션 도중 자리를 떴다. 의식을 했든 못했든 청중은 발표자가 너무 공격적이라고 느낀 것이다(물론 그들은 그 이유를 정확히 말로 설명하지 못했다). 의식하지는 못해도 특정 신체언어를 접하는 사람은 자신이 받은 부정적인 감정에 대해 좀 더 합리적인 이유를 찾고 이를 피하려고 하게 마련이다.

검지를 활용하는 동작은 위험한 상황을 막기 위한 신호로도 사용된다. 예를 들어, 누군가가 "그 강에서는 수영하지 마. 수심이 깊어서 위험해!" 또는 "그 이탈리아 식당에는 가지 마. 내 친구가 거기서 음식을 먹고 식중독에 걸렸어"라고 말할 때 검지를 든다면, 그 메시지가 더욱 강조된다. 검지로 무언가를 가리키면 중요한 정보를 알려주겠다는 표시이므로 상대가 좀 더 귀를 기울이게 되는 것이다.

부탁일까, 명령일까

앞에서 말했듯 손바닥을 위로 향하는 제스처는 자신에게 숨기는 것이 없다는 뜻으로, 정직함과 개방성의 신호다. 누군가가 우리에게 무언가를 줄 때 이러한 자세를 취하면 우리는 상대 쪽으로 손을 쭉 뻗게 된다.

만약 프레젠테이션 도중에 청중에게 질문을 던진 발표자가 위를 향하는 손바닥으로 그중 한 사람을 지목한다면, 그는 즉각 자신에게 답해보라는 말인 줄 알아듣는다. 그다음 이 사람에게 어떤 실습에 참여하라고 요구한다면, 아마도 그는 흔쾌히 동의할 것이다. 그런데 동일한 질문과 요구를 손바닥을 아래로 향하는 동작으로 했다면 어떤 결과가 나올까? 상대가 비협조적으로 나올 가능성이 크다. 그런 동작이 상대를 불쾌하게 만들기 때문이다.

메시지는 분명하다. 누군가에게 무언가를 부탁하고 싶다면, 손바닥을 위로 향하는 자세로 부탁하라. 손바닥이 아래로 향할 경우 상대는 부탁을 명령으로 받아들일 것이다. 손바닥을 아래로 향하는 제스처는 누군가에게 일을 지시할 때 주로 사용된다. 보통 상사가 부하에게 하는 제스처다. 히틀러의 경례가 이런 지배적인 손짓의 극단적 사례라고 할 수 있다. 손바닥을 아래로 하여 힘의 우위를 드러내는 사례는 주변에서도 흔히 볼 수 있다. 교실에서 떠드는 아이들에게 조용히 하라고 말하는 선생님을 떠올려보라. 그의 손바닥은 아래를 향하고 있을 것

손바닥을 아래로 향하기
: 지배 의지

진심은 감추고 본심은 읽어라

이다. 손을 주머니에 넣는 방식으로도 똑같은 효과를 거둘 수 있다. 단, 우월감을 강조할 필요가 없는 상황에서 이런 지배 의지가 드러나는 손동작을 취했다가는 상대에게 적개심을 일으킬 수 있으니 조심해야 한다. 누군가로부터 이래라 저래라 지시받는 일을 좋아할 사람은 아무도 없다는 걸 명심하라.

설득력이 올라가는 신체 접촉

1990년에 뉴욕주립대학교 심리학과 브렌다 메이저Brenda Major와 앤 마리 슈미들린Anne Marie Schmidlin, 린네 윌리엄스Lynne Williams는 지금까지 진행된 연구에서 나온 수많은 가설을 재확인하면서, 남녀의 신체 접촉 방식에 관한 남다른 탁견을 제시했다. 그들의 주장은 다음과 같았다.

- 여성은 남성에 비해 신체 접촉을 많이 한다.
- 여성이 남성의 신체를 접촉하는 것보다 남성이 여성의 신체를 접촉하는 경우가 많다.
- 남성끼리의 신체 접촉보다 여성끼리의 신체 접촉이 더 빈번하게 일어난다.
- 여성은 남성보다 아이들을 더 자주 만진다.

심리치료에 관한 책을 다수 집필한 크리스 L. 클레인키Chris

L. Kleinke나 대인관계에서 활용할 수 있는 비언어에 관해 연구한 프랭크 N. 윌리스Frank N. Willis와 헬렌 K. 햄Helen K. Hamm은 실험을 통해 신체 접촉의 정도와 설득력의 상관관계를 입증했다.

만약 어떤 사람이 상대의 신체를 접촉하면서 일을 부탁할 경우(가령 탄원서에 서명해줄 것을 부탁할 때), 아무런 신체 접촉 없이 부탁할 때보다 긍정적인 반응을 얻을 가능성이 크다. 물론 개중에는 신체 접촉을 위협으로 여기는 사람도 있으니, 가려서 할 필요는 있다. 그런데도 일반적인 상황에서 적절한 순간에 세련된 방법으로 상대의 신체, 이를테면 팔의 윗부분같이 중립적인 부분을 건드리며 부탁을 한다면, 상대가 들어줄 가능성이 커진다는 것을 기억하자.

나를 따르는 게 어때?

악수를 할 때도 지배 의지를 드러낼 수 있다. 상대의 손을 붙잡을 때 자신의 손바닥이 아래쪽을 향하게 돌려 잡는 것이다. 하지만 그런 의도를 가지고 있다고 해도 상대의 손이 꺾일 정도로 완전히 아래쪽으로 돌려서는 안 된다. 자신의 손등이 보일 정도가 되면 상대를 지배하겠다는 강력한 신호가 된다.

지배 의지가 강한 두 사람이 만나 악수를 할 때, 마치 손으로 펜

진심은 감추고 본심은 읽어라

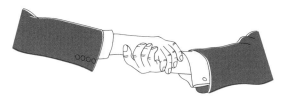

손바닥을 아래로 꺾는 악수
: 지배력 과시, 우월감

싱을 하듯이 악수를 하면서 서로가 위쪽에서 상대의 손을 내려잡기 편한 각도를 차지하려고 애쓰는 장면이 보이곤 한다. 대립 입장에 있는 두 정치인이 만났을 때 이런 모습을 쉽게 볼 수 있다.

이러한 권위적인 악수에는 상대를 제압하겠다는 의도가 분명히 드러난다. 자신의 손바닥을 아래로 향한 채 당당하게 팔을 뻗으면, 상대는 손바닥을 위로 드러내며 손을 내밀 수밖에 없으므로 종속적인 입장에 놓이게 되는 것이다. 이는 매우 공격적인 인사법으로, 신체언어에 관한 별다른 지식과 경험이 없는 사람이 당하면 애초에 잡힌 을의 구도에서 벗어나기 어려워진다.

지배하려는 의도가 보이는 악수를 청하는 이를 만났을 때는 어떻게 해야 할까? 그러한 구도를 깨는 방법이 있다. 손을 맞잡는 즉시 앞으로 한발 나가는 것이다. 이렇게 하면 자연스럽게 상대의 손 위치를 바꿔 동등한 악수를 할 수 있다. 또 다른 방법은 상대의 오른손 위에 당신의 왼손을 포개 얹는 것이다. 왼손으로 상대의 어깨를 다독이거나 팔의 윗부분을 잡는 것도 좋다. 정치인들이 정적을 제압할 때 자주 이런 행동을 하는 것을 볼 수 있다.

내가 책임자입니다만

뒷짐 지고 손깍지
: 자신감, 높은 지위

뒷짐을 지고 두 손을 맞잡아 깍지를 낀 자세는 자신감과 힘을 드러낸다. 실제 손을 등 뒤로 보내면 쉽게 허리를 구부릴 수 없으므로 자연스럽게 자세가 저절로 똑바르게 된다. 이러한 스트레칭은 타인에게 당당한 인상을 준다.

무엇보다 이런 자세를 취하면 배와 심장과 목 등 민감한 부분이 노출되게 마련인데, 이는 이미 자신이 이 영역과 상황을 장악하고 있으니 굳이 타인으로부터 자신을 방어할 필요가 없다는 것을 드러내는 신호로 해석할 수 있다.

이런 포즈는 자신의 구역 순찰을 도는 경찰관, 직원들을 감독하고 있는 관리자에게 종종 목격된다. 만약 수많은 스텝과 배우가 한데 어울려 분주하게 돌아가는 드라마나 영화 촬영장에서 누가 이런 자세로 돌아다니고 있다면, 그는 아마 감독일 것이다. 회의 중에 이런 포즈로 앉아 있는 사람이 있다면 그는 회의를 주관하는 사람이거나 스폰서일 가능성이 크다.

진심은 감추고 본심은 읽어라

그 정도는 내가 해결할게!

두 손을 머리 뒤로 돌려 깍지를 낀 채 팔꿈치를 양쪽으로 펼치는 자세는 어떨까? 이 역시 자신감을 드러내는 포즈다. "그 정도는 나도 알아. 이 문제는 내가 해결할 수 있어"라는 뜻으로 볼 수 있다. 이런 자세를 취하는 사람은 심리적으로 상대보다 우월한 입장에 서길 원한다. 이들은 대개 다른 사람에게 일을 시키기 좋아하고, 동료들의 실수를 지적하며 빈정거리길 좋아한다. 반어법을 사용하는 경우도 많을 것이다.

이런 사람들과는 대화를 나누기가 쉽지 않다. 그들은 늘 상대가 자신의 우월함을 인정하고 그들의 천재성을 칭찬해주기를 바라기 때문이다. 그런 이들에게 우리가 기대할 수 있는 건, 기껏해야 어느 정도 동등하게 대우해주길 바라는 것뿐이다. 그나마 그 정도의 대우를 받으려면, 상대의 의표를 찔러야 한다. 그가 쉽게 대답할 수 없는 복잡한 문제를 내거나 그들의 허점이 드러나는 정보로 상대를 기습하는 것도 방법이다. 그렇게 하면 그들은 금방 자신감을 잃고 손의 위치를 차츰 바꿀 것이다. 당신이 낸 복잡한 문제를 풀면서 턱을 만지작거릴지도 모른다. 생각이 쉽게 떠오르지 않는

머리 뒤에서 손깍지
: 오만함

다는 제스처다. 이때 상황을 역전시켜 장악하고 싶다면, 당신이 두 손을 머리 뒤로 돌려 깍지를 낀 자세를 취하면 된다.

물론, 습관적으로 손을 머리 뒤로 가져가는 사람도 있다. 이런 사람들은 대체로 성향이 오만하다고 볼 수 있는데, 가끔 특정 상황에서만 나타나는 경우도 있다. 예를 들어, 누군가와 대화를 하는 도중 갑자기 자신이 상대보다 더 낫다는 생각이 들 때 이런 포즈를 취하게 되는 것이다. 아니면 다른 사람이 풀지 못하는 어려운 문제를 거의 풀었을 때도, 이런 자세가 나온다. 또 이런 자세는 막 결정을 내리려는 신호로도 볼 수 있다. 이런 동작을 취하기 전, 다른 긍정적인 움직임이 많이 나왔다면, 그 결정 역시 긍정적이 될 것이다.

일단 거리를 두고, 해볼까?

의자를 돌려서 의자 등받이에 가슴을 대고 앉는 자세는 자신을 지배 혹은 통제하려고 드는 공격으로부터 자신을 보호하려는 자세다. 상대와 나 사이에 의자라는 장애물을 둠으로써 어느 정도의 거리를 두면, 마음이 한결 편안해지기 때문이다. 그렇지만 이때 의자는 일종의 방패막이 역할을 하므로 상대에게 완전히 개방적일 수는 없다. 방패나 의자를 보호막으로 사용할 경우, 말하는 방식이나 구사하는 언어가 더 대담해지며, 자신감도 한결 올라간다. 이러한 이유로, 이런 자세는 때로 대결해보자는 뜻으로 해석될 수 있다.

진심은 감추고 본심은 읽어라

집단에 속한 사람들이 무리 속의 한 사람을 공격하기 시작할 때, 표적이 된 사람은 의자를 돌려 앉음으로써 반격을 준비할 수 있다. 의자를 돌려놓고 앉으면 자신감이 생기고, 나머지 사람들과 심리적 거리를 둘 수 있기 때문이다.

다른 물체로도 비슷한 효과를 거둘 수 있다. 차에서 내리지 않고 차창을 통해 이야기를 하는 사람, 카운터를 사이에 두고 선 계산원과 고객, 책상을 사이에 둔 채 이야기를 나누는 감독과 스태

의자를 돌려서 앉기
: 몸을 보호하여 자신감 올리기

프 등, 이때는 차창이나 카운터, 혹은 책상이 장애물이자 방패막이가 될 수 있는 것이다. 여성들이 핸드백을 지니고 있을 때 마음이 편해지는 것도 같은 이유에서다. 핸드백을 자신의 몸 앞에 두면 보호받고 있다는 느낌이 드는 것이다.

내가 최고야

우리는 다리를 넓게 벌리고 서 있는 남성들의 모습을 종종 목격한다. 특별한 의도나 생각 없이 그렇게 하는 경우도 있지만, 그렇다고 해도 이러한 자세는 다른 사람에게 강한 인상을 준다. 어떤

다리를 넓게 벌려 서기
: 지배 의지

남성이 이런 식으로 서 있으면, 반대편에 서 있는 사람도 집단에서 자신의 위치를 지키기 위해 같이 다리를 벌리게 된다. 무리를 지배하고 싶어 하는 젊은 원숭이도 이런 포즈를 취한다. 이 원숭이는 우두머리 수컷과 치열하게 싸워 상처를 입을 위험까지 감수할 생각은 없다. 그러니 우두머리를 공격하기보다 발을 더 넓게 벌리는 방법을 택하는 것이다. 원숭이 세계에서는 양발을 더 넓게 벌린 쪽이 우두머리로 인정받기 때문이다.

물론, 앉아서도 이러한 자세를 취할 수 있다. 십대 시절 나(카시아)는 학교에서 집으로 돌아가는 버스에서 다리를 쩍 벌린 남자 옆에 앉게 될 때가 많았다. 그때마다 어쩔 수 없이 나도 모르게 무릎을 모으게 되었다. 그러던 어느 날, 은근히 부아가 치밀어 올랐다. 도대체 이 남자는 무슨 권리로 다른 사람보다 더 많은 공간을 차지하는 건가? 그 후로 나는 틈만 나면 다리를 똑같이 벌리고 앉아서 옆 사람이 어떻게 반응하는지 살폈다. 대부분의 남자는 자리에 앉을 때 아무 생각 없이 이런 자세를 취하는데, 그들은 그런 자세가 남의 공간을 침범할 수 있다는 사실조차 인지하지 못했다. 결국 나는 누가 내 옆에 앉기 전에 먼저 다리를 벌리고 있는 것이 상책이라고 생각했다. 실제로 그렇

진심은 감추고 본심은 읽어라

게 하다 보니 효과가 있었다. 내 옆에 앉는 남자들은 아무래도 전
만큼 위압적인 자세를 취할 수가 없었다.

남자들은 보통 앉을 때 다리를 벌리기 때문에, 그들을 상대로
실험을 하는 것이 쉬웠다. 내가 다리를 벌렸을 때 그들이 나를 어
떻게 대하는지 살피는 것도 재미있었다. 자세가 그렇다 보니, 그들
과 대화할 때도 대등한 입장에서 이야기를 이끌어갈 수 있었다.

논쟁할 준비가 되었다

한쪽 다리를 다른 쪽 무릎 위에 90도로 걸치면 토론이나 논쟁을
시작할 준비가 되어 있다는 뜻이다. 이때
한 손은 발목에, 그리고 다른 한 손을 무릎
이나 장딴지에 놓는다면 그 의미가 한층
강해진다. 이는 자신감과 침착함 그리고
두려움을 모르는 자유 의지를 과시하는
자세다. 물론 단순히 자신과 주변 사람들
을 편하게 생각할 때 나오는 자세일 수
도 있다. 이 자세에 대한 해석은 상황에
따라 다를 수 있으므로, 신체언어 분석의
기본 원칙 5가지를 적용해서 살펴볼 필요
가 있다.

한쪽 무릎 위에 90도로 다리 얹기
: 논쟁할 준비가 되었음

베를루스코니의 자신감

이탈리아의 전 총리 실비오 베를루스코니Silvio Berlusconi는 자신 있고 독립심이 강한 사람에게서 볼 수 있는 크고 활달한 손동작을 자주 보였다. 유럽의회European Parliament에서 이탈리아의 입장을 역설할 때 취한 그의 모습을 보면 알 수 있다. 이탈리아 경찰관들을 대상으로 하는 연설에서도 그는 마이크를 자유자재로 활용하면서 그런 특징들을 드러냈다.

베를루스코니는 손동작을 크게 할수록 상대에게 강한 인상을 남길 수 있다는 걸 실제로 보여준 대표적인 인물이라고 할 수 있다. 또 그는 앞서 이야기한 '클린턴 박스' 내에서 손의 움직임을 소통에 효과적으로 활용할 줄 아는 전문가였다.

결정권자는 누구인가

의자에 앉은 상태에서 손을 호주머니에 넣거나 허리에 올려둔 채, 다리를 앞으로 쭉 뻗고 있는 자세는 자신감을 드러내며, 자신이 상황을 지배하고 있다는 걸 암시하는 포즈다. 대개 어느 집단에서 지위가 높은 관리자이거나 일을 총괄하는 감독, 기업을 소유한 사람에게서 이런 자세를 쉽게 볼 수 있다. 어떤 상황에서 최종 결정권을 가진 사람이 누구인지 알고 싶은가? 그렇다면 이와 같은 포즈를 취하고 있는 사람을 찾으면 된다.

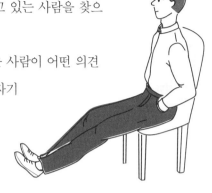

이러한 자세를 취하고 있는 사람이 어떤 의견을 제시한다면, 그가 결국 자기 마음대로 결정하겠다는 뜻으로 해석할 수 있다. 실제 그런 자세로 말하면 사람들이 그의 말을 더욱 주의 깊게 듣게 된다.

호주머니에 손을 넣은 채 다리 뻗기
: 상황 장악에의 의지

지배하거나 유혹하거나

액션 영화를 보면, 갱단의 두목이나 마피아 보스가 의자에 기대어 앉은 채 담배를 피우며 일부러 천장 쪽으로 연기를 내뿜는 장면이 나온다. 이는 자신의 위압적인 지위를 강조하기 위해 드러내는 행위다. 때로는 남성과 마주 앉아 있는 여성이 이런 방식으로 담배 연기를 위로 내뿜을 때가 있는데, 이때 여성

담배 연기 위로 내뿜기
: 지배 의지 또는 이성에게 매력 어필

은 대개 남성의 시선을 똑바로 바라보며 눈꺼풀을 조금 내리곤 한다. 이는 이 여성이 상대 남성에게 관심이 있다는 분명한 신호다.

담배 연기를 위로 뿜는 것은 그가 이 상황을 편안하게 여기고 있다는 증거다. 손에 든 담배는 그 사람 주변에 자신감의 기운이 감돌게 만든다. 그러나 최근 들어 공공장소에서 담배를 피울 수 없게 됨에 따라 그 위력이 예전 같지 않아졌다. 이제는 술집이나 식당 밖에 삼삼오오 모여 담배를 피우는 사람들의 모습이 궁색해 보일 정도다. 대부분의 비흡연자가 흡연자들에게 부정적인 감정을 갖게 되면서, 담배 피우는 행위의 상징성이 많이 약화되었다.

확실합니다

침착하면서도 단호하고 큰 손동작은 자신감을 강조한다. 지도자들에게서 이런 동작을 자주 목격할 수 있다. 그런 동작들은 멀리서 봐도 위압적이고 위협적인 느낌을 준다. 확신에 차서 거리낌 없이 자신의 의견을 제시하고 빠르게 그에 대한 조치를 취하는 사람들의 전형적인 제스처다. 이들은 연설을 하거나 업무 회의를 할 때 이런 동작을 자주 취하곤 하는데, 이는 다른 사람의 분발을 촉구하는 효과가 있다. 세계적인 명연설가들 역시 이런 제스처를 통해 전하고자 하는 메시지의 강도를 높이곤 한다.

다만 손을 너무 휘젓거나 넓게 움직이지 않도록 조심해야 한다.

진심은 감추고 본심은 읽어라

커다란 손동작 : **확실성, 독립심**

영향력 있는 손동작은 전부 '클린턴 박스' 안에서 일어나야 한다. 사실 이 명칭은 미국의 전 대통령 빌 클린턴^{Bill Clinton}의 이름에서 따온 것인데, 정치 초년병 시절 그는 연설을 하면서 팔을 크게 휘두르는 습관을 가지고 있었다. 그런 과장된 몸짓이 청중들에게 '믿지 못할 사람'이라는 인상을 주자, 결국 그는 신체언어 전문가에게 조언을 구했다. 전문가들은 그와 같은 제스처를 못하게 하거나 새롭고 낯선 동작을 가르치는 대신, 그가 평소 하던 팔과 손동작의 범위를 가슴과 배 주변으로 한정시키라고 충고했다. 그렇게 하여, '클린턴 박스'란 용어가 탄생했다.

  클린턴 미국 전 대통령은 자신의 동작을 자연스럽게 바꾸고 손동작의 영역을 배 앞의 공간으로 좁힘으로써 허세를 부리는 듯한 인상을 없애고 소통 방식을 개선했다. 물론 예외가 있을 수 있지만, 말을 할 때 손을 이 박스에서 벗어나지 않게 움직이면 자신감을 더욱 높일 수 있다.

2016년 선거에서, 우리는 힐러리 클린턴 역시 연설과 토론에서 클린턴 박스 안에서 손동작을 취하는 모습을 매우 흥미롭게 지켜볼 수 있었다.

더 읽기

긍정적인 신체언어와 단호한 신호

상대방에게 당신의 입장을 단호하게 밝혀야 하는 상황이라면, 비언어적 신호를 제대로 보내야 한다. 단호함을 드러낼 수 있는 긍정적인 비언어 신호를 보내려면 다음을 기억하여 적용하라.

• 언어 메시지와 비언어 메시지의 일치
• 몸을 앞으로 약간 기울인 상태에서 나오는 느긋한 자세와 제스처
• 상대와 눈을 자주 마주치되, 뚫어지게 바라보지는 말 것
• 단호하지만 과장되거나 위협적이지 않은 손동작
• 상대가 쉽게 알아들을 수 있는 충분한 성량
• 주요한 내용을 강조하는 어조
• 상대의 개인 공간을 존중하는 선에서 적절한 신체 접촉

강력하고 자신 있어 보이는 긍정적인 신체언어의 특징은 다음과 같다.

- 허리를 곧게 세운 직립 자세
- 느긋해 보이는 태도
- 차분하면서도 정면을 향하는 시선
- 분명한 눈 맞춤
- 역동적이고 확신에 찬 손동작
- 좋은 억양과 리듬
- 비교적 넓게 벌린 다리
- 적절한 신체 접촉
- 말의 흐름이 끊겼을 때 이를 보완하는 비언어 메시지
- 상대와의 거리 좁힘

이 외에도 자신감을 드러내는 신체언어는 다양하다. 몇 가지를 더 소개하자면 다음과 같다.

- 머리를 약간 앞으로 내밀면서 살짝 위로 쳐든 자세로 목의 긴장 풀기
- 귀가 양 어깨의 중심선에 위치하는 자세
- 긴장을 풀고 몸을 약간 앞으로 기울이기
- 허리 근육을 최대로 늘려 꼿꼿이 세우기
- 무릎을 살짝 굽힌 채 다리 뻗기
- 골반을 약간 들어 올리기

🌧️ 자신감과 오만함 사이

지금까지 우리는 매사에 자신감 넘쳐 보이는 사람들의 특징적인 동작과 자세를 살펴봤다. 하지만 이런 동작이나 자세는 한편, 타인에 대한 지배 의지나 오만함, 공격성을 의미하기도 한다. 신체언어는 언제나 우리가 소리를 내어 하는 말보다 더 많은 것을 이야기한다. 그렇기 때문에 자신감과 오만함 사이에 놓인 영역에 질문을 던져야 한다.

눈여겨봐야 할 부분은 피라미드 형태의 손동작이다. 경우에 따라 이런 손동작은 자신감의 신호다. 예를 들어, 취업 면접 도중에 지원자가 전 직장에 대해 이야기하면서 이와 같은 손동작을 취할 경우, 또 매우 까다로운 질문을 받은 전문가가 조금도 망설임 없이 답변하면서 양손을 모아 피라미드 형태를 취할 경우, 그들의 자신감은 훨씬 부각된다. 하지만 일상적인 상황에서 너무 자주 피라미드 형태의 손동작을 취하는 사람이라면 그가 우월감을 내세우는 것으로 해석할 수 있다. 이때는 피라미드 형태의 손동작이 원활한 소통을 가로막는 장애물이 될 수 있다.

사사건건 자신의 우월감을 드러내는 사람과 대화하길 좋아하는 사람이 있을까? 인간이라면 누구나 상대와 대등한 입장에서 그에 합당한 대우를 받길 원하고, 상대가 자신의 지식과 의견을 인정해주길 기대한다. 그런데 피라미드 형태의 손동작을 지나치게 많이 사용하면서 자신의 지식과 우월함을 강조하면, 신뢰감을 높이는 게 아니라 상대의 짜증만 유발하기 쉽다. 상대가 자신의 지식과 전문성에 강한 자부심을 가지고 있을 땐 특히 그렇다.

대화를 나누는 양측이 피라미드 손동작을 취하면서도 대등한 입장에서 서로를 인정한다면, 얼마든지 원활하게 의사소통을 할 수 있다. 그러나 양측 모두가 각자 자기만 옳고 상대는 틀렸다는 입장을 고집한다면, 대화가 아니라 대결이 되고 만다. 정치 관련 토론을 할 때도 이런 일이 자주 벌어진다. 애석하게도 "내가 당신보다 더 잘 알아"와 같은 식의 대결은 이미 각자가 상대보다 더 우월하다고 느끼고 그렇게 주장하기 때문에 좀처럼 합의에 이를 수가 없다. 결국 이런 토론은 신랄한 비판과 격한 감정으로 이어져 각자 장벽을 높이 쌓음으로써 의견 차만 점점 벌릴 뿐이다.

프레젠테이션이나 교육 장소에서 발표자나 강사가 피라미드 형태의 손동작을 너무 자주 취하면 건방져 보일 수 있다. 무의식중에라도 청중은 발표자가 자신들을 무시하고 자기만 잘난 척한다는 인상을 받는다. 물론 발표자가 상세하고 전문적으로 알고 있는 부분에 대한 질문을 받아 답변을 하는 상황이라면 이러한 동작을 취하는 것도 괜찮다. 다만 이때도 오해가 생기지 않고 원활한 소통에 도움이 되는 다른 제스처를 함께 사용해 보완하는 것이 좋다.

이번 장에서 다룬 신체언어 대부분은 적절히 활용하기만 하면 자신 있어 보이며 긍정적인 인상을 줄 수 있는 제스처들이다. 다만 너무 자주 사용하면 오만하고 우쭐대는 듯한 인상을 줄 수 있다는 걸 기억하자. 머리 뒤로 손을 올려 두 손을 깍지 끼는 포즈 역시,

대화 도중에 취할 경우에는 자신의 의견이나 해결책 혹은 결정에 대해 단호한 입장을 갖고 있다는 신호다. 여기에다 발을 앞으로 쭉 뻗고 넓게 벌리는 자세까지 더한다면 대화 내내 너무 오만하게 느껴져 상대가 더 이상 그런 사람의 말을 들으려 하지 않을 것이다.

상황에 따라 매우 다른 신호로 해석될 수 있는 자세가 두 가지 더 있다. 양손을 허리에 얹거나 손을 호주머니에 찌른 채 엄지를 내미는 자세다. 허리에 손을 두는 포즈는 자신감의 표시이지만, 마음을 열거나 조치를 취하겠다는 의지도 드러낸다. 엄지를 호주머니 밖으로 내미는 것은 조치를 취하겠다는 뜻이 되는 동시에, 대결할 준비가 되었다는 표시도 된다. 다시 말해, 이런 자세에는 자신감과 공격성 모두 들어 있는 것이다. 그러니 프레젠테이션을 시작할 때 이런 포즈를 취한다면, 청중의 마음을 사로잡기가 어렵다. 오히려 청중이 반감을 갖고 발표자의 주장에서 약점을 찾거나 대답하기 어려운 질문을 던지게 될 가능성도 키운다.

 단호한 신체언어

자신감을 드러내는 한 가지 중요한 요소는 단호함이다. 단호함은 수줍음과 공격성 사이, 그 중간 정도에 놓인 태도라고 할 수 있다. 목청을 높이거나 짜증을 내지 않으면서, 조용히 그러나 확고한 태도로 이야기를 하면 메시지의 영향력이 더욱 커진다. 목청을 높

진심은 감추고 본심은 읽어라

이면 오히려 상대가 무시하거나 맞받아 공격적으로 대하게 된다. 목소리를 높인 사람 역시 상대가 자신의 말을 잘 듣지 않으니, 더욱 화가 나는 악순환에 빠지게 되는 것이다.

인간에게는 위협적인 어조나 신체언어를 접했을 때 경보를 발하는 메커니즘이 내장되어 있다. 그래서 상대에게서 공격적인 징후를 발견하면 그 말을 이해해보려 하기보다 본능적으로 반격을 준비하게 된다. 자, 누군가가 당신에게 소리를 지른다면, 화를 내는 것은 물론 짜증 한번 내지 않으며 대응하는 티베트의 승려 달라이 라마를 떠올려보라. 자신의 의견을 차분하게 그러면서도 분명하고 확고한 어조와 자세로 표현하면, 사람들이 당신의 말에 귀를 기울이기 시작할 것이다. 여유와 자신감이 드러나는 인상을 주면, 자연스럽게 사람들은 좀 더 세심하게 당신의 말을 경청하게 되므로 상황을 보다 긍정적으로 이끌어갈 수 있다.

승자의 포즈	—	자신감
긴장을 푼 어깨	—	자신감, 용기
크게 움직이는 턱	—	숨길 게 없는 자신감
등을 곧게 편 자세	—	자신감
상대를 향한 당당한 시선	—	자신감
피라미드 형태의 손동작	—	자신감
공을 잡은 듯한 손 모양	—	자신감
엄지	—	자부심의 상징
엄지 척!	—	오케이, 순조로움
엄지로 자신 가리키기	—	자만심, 존경심 부족
호주머니 밖으로 내놓은 엄지	—	자신감, 제압 의지 자제
허리 벨트에 엄지 끼우기	—	자신감, 오만, 성적 관심
팔짱 끼고 엄치 척	—	지배 의지, 자신과 거리 두기
검지로 가리키기	—	과제 할당, 지배 의지, 공격성, 경고
손바닥을 아래로 향하기	—	지배 의지
손바닥을 아래로 꺾는 악수	—	지배력 과시, 우월감

진심은 감추고 본심은 읽어라

뒷짐 지고 손깍지 ― **자신감, 높은 지위**

머리 뒤에서 손깍지 ― **오만함**

의자를 돌려서 앉기 ― **몸을 보호하여 자신감 올리기**

다리를 넓게 벌려 서기 ― **지배 의지**

한쪽 무릎 위에 90도로 ― **논쟁할 준비가 되었음**
다리 얹기

호주머니에 손을 넣은 채 ― **상황 장악에의 의지**
다리 뻗기

담배 연기 위로 내뿜기 ― **지배 의지 또는 이성에게**
매력 어필

커다란 손동작 ― **확실성, 독립심**

4장

부정과 거부를
의미하는
신체언어

이 장에서 다룰 내용 ✏️
_____

- 상대에게 부정적인 인상을 남기지 않는 법
- 부정적 신체언어나 반감에 대처하는 법

일전에 나는 아주 재미있고 학술적 가치도 높은 책을 여러 권 집필한 사회학과 교수를 만났다. 그분의 강의 주제는 정말 흥미로웠는데, 뜻밖에도 그 수업의 학생 출석률이 매우 저조했다. 왜 그런지 궁금해서 알아보니 그럴 만한 이유가 있었다.

　강의를 할 때 그 교수는 웬만해서는 학생들과 눈을 마주치지 않았고, 강의 시간 대부분 학생들에게서 등을 돌린 채 칠판에 무언가를 쓰거나 책을 들여다보는 데만 열심이었다. 학생들에게 질문할 때도 특정인을 지목하지 않고 막연히 전체 학생을 대상으로 묻다 보니, 대답보다는 침묵만 조장할 뿐이었다. 결국 수업 내내 교수 스스로 묻고 대답하기 일쑤였다. 어쩌다 학생이 손을 들고 질문을 할 때도 문제였다. 그럴 때마다 교수는 팔짱을 낀 채 고개를 숙이거나 손으로 턱을 괸 상태로 그 학생을 뚫어져라 바라보았다. 한마디로 소통을 단절시키는 포즈였다.

많은 사람이 직장에서 토론이나 미팅 중 원하는 결과가 나오지 않으면, 무의식적으로 이와 같이 소통을 단절시키는 자세를 취하는 경우가 많다. 이번 장에서 다룰 부정적인 신체언어들을 살펴보면서, 스스로 언제 그런 자세를 취했었는지 한번 생각해보길 바란다. 또한 다른 사람을 관찰하면서 그들이 언제 어떤 상황에서 이런 부정적인 동작과 제스처를 취하는지도 확인해보라.

어쩐지 불안해

팔짱을 끼는 자세는 대개 부정적인 의도로 해석되는데, 경우에 따라 자신을 보호하는 신호로 해석할 수도 있다. 보통은 무언가 불편하거나 안전하지 않다고 느낄 때 사람들은 팔짱을 낀다. 사람들이 많이 모인 낯선 장소나 엘리베이터, 혹은 버스에 탔을 때 자연스럽게 이런 자세가 나온다. 그들은 대개 사람들 사이에 적당한 공간이 확보되지 않아 사적 공간을 침해당했다고 느끼는 것이다.

어떤 나라에서는 열차 안에서 책이나 신문을 펼쳐 읽음으로써 타인으로부터 자신을 격리하는 방법을 쓰기도 하는데, 위협을 받거나 불안할 때 팔짱을 끼는 것은 전 세계에서 공통으로 볼 수 있는

진심은 감추고 본심은 읽어라

기본 자세이기도 하다. 팔짱은 우리 몸의 가슴을 보호하는 일종의 엄폐물로서도 기능한다. 위험하다고 생각되거나 달갑지 않은 대상을 차단하기 위한 자구책인 것이다. 팔짱을 끼면 심장과 폐 등 몸의 주요한 기관을 보호할 수 있다. 대부분은 무의식적인 반응으로 나오는 것이기에, 침팬지나 그 밖의 유인원들에게도 이런 동작을 쉽게 볼 수 있다.

팔짱
: 부정적 또는 보호

그런데 많은 사람을 대상으로 연사가 강의를 하는데, 청중들 중 팔짱을 끼는 사람이 늘어나기 시작한다면, 그들이 연사의 말을 제대로 이해하지 못하고 있거나 그의 말에 동의하지 않는다는 신호로 봐야 한다. 팔짱을 끼는 사람이 많아질수록 신호의 부정적 의미는 더 강해진다. 그런데도 연사가 청중들의 팔짱 낀 자세를 알아차리지 못하면, 상황을 바로잡을 수 없다. 물론 줄곧 팔짱을 끼고 있는 사람과 특별한 순간에 팔짱을 끼는 사람은 구분해야 한다. 가령 실내가 너무 추워서 팔짱을 끼는 것일 수도 있으니 신체언어 해석의 세 번째 기본 원칙을 참고하여 어떤 외부적인 원인은 없었는지 살필 필요가 있다.

단단히 팔짱을 끼고 있는 사람의 얼굴에 긴장한 모습이 역력하다면, 그는 지금 대단히 화가 났거나 엄청난 위협을 느껴 방어 자세를 취한 것일 수 있다. 팔짱 역시 상대와 나 사이의 장애물 효과가 있다. 어떤 사람은 내키지 않는 상황에서 몸을 뒤로 물리기 위해 팔짱을 낀다. 팔짱을 낌으로써 대화 도중에 위협을 느꼈다거나 이런 사적인 문제는 논의하고 싶지 않다는 의사를 전달하기도 한다. 이럴 때 대화의 주제를 바꾸면, 금방 상대의 자세가 달라지는 것을 볼 수 있을 것이다.

한마디만 더 해봐

팔짱을 낀 채 주먹 쥐기
: 부정적이고 공격적인 자세,
공격할 준비가 됨

상대가 이미 팔짱을 낀 상태에서 주먹을 불끈 쥐었다면 부정적인 감정이 더욱 강해졌다는 의미로 봐야 한다. 이럴 때는 공격 의도를 드러내는 다른 비언어적 표현은 없는지 세심히 살펴볼 필요가 있다. 움켜쥔 손은 대개 공격의 전조인데, 특히 입매를 단단히 오므리고 미간을 찌푸리는 행위가 수반되는 경우가 많다.

따라서 상대가 이런 자세를 취하고 있다면, 전략을 바꿔 분위기를 진정시키는 방향으로 가야 한다. 예를 들어, "어떻게 하면 좋을까요?" 같은 질문도 좋다. 상대가 하고 싶어 하는 말을 할 수 있도록 유도하는 것이다. 다만 질문을

진심은 감추고 본심은 읽어라

던지더라도, 이왕이면 긍정적인 답변을 기대할 수 있는 질문을 선택하라. 어려운 것을 묻지 말고 해결책을 묻는 게 좋다.

내 생각은 달라요

팔짱을 낀 사람은 때로 팔의 윗부분을 잡아 부정적인 메시지를 강조하기도 한다. 이는 긴장이 고조되었다는 신호다. 팔을 벌리고 마음을 열어 대화해보자는 어떤 제안도 거부하겠다는 결단이고, 자신의 입장만 강조하겠다는 의지가 드러나는 태도다. 팔을 잡은 손가락 마디가 하얘질 정도로 세게 부여잡는 사람도 있다. 이러한 동작은 스스로 용기를 얻기 위한 시도이기도 하다.

팔짱을 끼는 동작은 어떤 것을 하지 않겠다는 고집을 드러내는 신호도 된다. 어떤 일에 대한 우려와 반대한다는 뜻을 비언어적으로 드러내는 것으로, 단호한 부인이다. 예를 들어, 친구가 같이 번지 점프를 하자고 제안할 때 고소공포증이 있는 이라면 분명한 거부의사를 밝히기 위해 팔짱을 낄 것이다. 누군가가 깊은 물을 가리키며 다이빙하길 부추길 때도 수영을 할 줄 모르는

팔짱을 낀 상태에서
팔 윗부분 잡기
: 부정적, 긴장된 자세

사람이라면 이런 포즈를 취할 가능성이 크다.

업무 관련 대화 중에 누군가가 이런 자세를 취하면 자신의 마음을 바꿀 의향이 전혀 없다는 뜻이다. 팔짱을 낀 사람은 상대와 다른 생각을 갖고 있고 자신의 생각이 더 낫다고 확신하기 때문에 상대의 제안을 받아들이거나 주어진 과제를 수행하려 하지 않을 것이다. 무슨 일이 있어도 자기 입장을 고수하겠다는 의지를 팔짱을 끼며 보여주는 것이다. 그런 사람의 마음을 바꾸려면, 조용히 그리고 오랜 시간 대화를 나누는 수밖에 없다.

아, 그건 말이죠

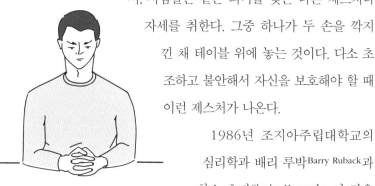

팔짱을 낄 수 없거나 팔짱을 끼는 것이 적절하지 않은 상황에서, 사람들은 같은 의미를 갖는 다른 제스처나 자세를 취한다. 그중 하나가 두 손을 깍지 낀 채 테이블 위에 놓는 것이다. 다소 초조하고 불안해서 자신을 보호해야 할 때 이런 제스처가 나온다.

1986년 조지아주립대학교의 심리학과 배리 루박Barry Ruback과 찰스 호퍼Charles Hopper는 이 같은 포즈가 거짓말쟁이들이 자주 취하는 제

깍지 낀 손
: 부정적, 불확실, 초조함

진심은 감추고 본심은 읽어라

스쳐와 비슷하다고 지적했다. 따라서 만약 구직자가 인터뷰 자리에서 이러한 자세를 취한다면 면접관에게 나쁜 인상을 줄 수 있다고 경고했다.

프레젠테이션보다는 회의를 주관하는 데 소질이 있는 젊은이가 다소 어설프게 초청연사를 소개할 때도 이런 포즈가 나오곤 한다. 교실에서 수줍은 모습으로 과제 발표를 하는 학생들도 종종 이런 포즈를 취한다.

별일 아냐, 괜찮아

상대에게서 부분적으로 장벽을 치는 또 다른 방식은 한 손으로 다른 손을 잡는 형태다. 가벼운 형태의 깍지 끼기라고 보면 된다. 이 같은 방식으로 손을 잡으면 정서적인 안정감이 생긴다. 힘들어하거나 불안해하는 아이의 손을 엄마가 잡아줄 때 아이가 어떤 느낌을 받겠는가? 이와 비슷하다. 이렇게 손깍지를 끼면 다른 사람들로부터 자신을 보호할 수 있는 나름의 장벽이 만들어져 용기가 생기기도 한다.

단체사진을 찍는데 마땅한 자세가 생각

한 손으로 다른 손 잡기
: 보호, 수줍음

나지 않을 때, 많은 사람 앞에서 이야기하거나 상을 받을 때도 이런 포즈가 나오곤 한다.

중요한 것은 해석이다. 단체사진 속의 사람들이 대부분 이런 자세로 서 있다면, 모두가 초조하고 불안한 것이 아니라 주변 사람들의 동작을 무의식적으로 따라 함으로써 단결력을 과시하는 것으로 볼 수 있다. 불안함과 불확실성의 수위가 높을 때도 사람들은 한 손으로 다른 손을 잡는다. 때론 손목이나 팔뚝을 잡기도 한다.

어쩐지 좀 어색해

손이나 팔로 확실한 장벽을 치는 것이 쉽지 않을 때, 이를테면 대중 앞에서 그런 포즈를 취하는 것이 부정적인 인상을 준다는 것을 잘 알고 있는 유명인사의 경우, 자신을 보호하거나 안정감을 얻기 위해 다른 방법을 찾는다. 한쪽 소매를 잡거나 반지 혹은 장식품 같은 걸 만지작거리거나 시계를 초조하게 자꾸 체크하는 것도 이런 심경의 표현이다.

여성들이 숄이나 스카프를 두르는 것도 이런 의도일 때가 있다. 그들은 이를 두를 뿐만 아니라 만지작거린다. 이런 점에서 여성은 남성보다 불안감을 감출 수 있는 방법이 더 많은 것 같다. 무엇보다 그들에게는 핸드백이 있지 않은가? 핸드백은 '무언가를 찾을 수 있는' 일종의 방어 메커니즘으로, 상대가 눈치채지 못하는 방패가

진심은 감추고 본심은 읽어라

될 수 있다. 이 같은 동작과 제스처는 긴장의 수위가 높아지면 무의식적으로 나오는데, 일부러 하는 경우도 있다.

옷에 붙이는 소형 라펠 마이크lapel microphone가 익숙해진 요즘에도, 여전히 연사들은 손으로 잡는 마이크나 연단에 놓인 마이크를 선호한다. 자신과 청중 사이에 무언가를 두고 그 뒤에 서면 보다 안전하다는 느낌이 들기 때문이다. 커프스 버튼cuffs button이 유행하던 시절, 많은 사람이 모인 장소를 헤치고 걸어가는 남성들은 불안감을 감추기 위해 이를 만지작거리곤 했다. 요즘에는 휴대전화를 만지거나 유리잔을 잡는 식으로 초조함을 감추곤 한다. 네트워크 미팅에서 참석자가 낯선 사람과 대화를 하면서 알 수 없는 불안감이 들 때 손으로 찻잔을 잡는 것도 비슷한 이유에서다.

다소 불편하네요

팔짱을 낌으로써 자신이 중압감을 느끼고 있다는 사실이 들킬까 우려되는 상황이라면, 한쪽 팔만 구부려 다른 팔의 팔꿈치를 잡는 식으로 자세를 조금 완화할 수 있다. 누군가가 화가 난 상태에서 이런 자세를 취했다면, 뻗은 팔에 힘을 주었다 빼기를 수시로 반복하는 모습을 볼 수 있을 것이다.

이와 같이 부분적인 팔 장벽은 누군가를 처음 만나 초조하거나 불안할 때 자주 취하게 되는 행동이다. 신호는 눈에 잘 띄지 않지

한 손으로
반대쪽 팔꿈치 잡기
: 거리 유지, 불안

만, 뜻은 분명하다. 이런저런 이유로 사람을 만나고는 있지만, 스트레스를 많이 받고 있다는 뜻이다. 이처럼 팔로 부분적인 장벽을 치면 자신만의 공간을 좀 더 확보한 것 같은 느낌이 든다. 그래서인지 유명 인사나 정치인, TV 진행자나 영업사원들도 이런 자세를 종종 취한다.

부분적인 팔 장벽을 조금만 바꾸면 몸 앞으로 두 손을 모으되 서로 잡지는 않는 자세가 된다. 이와 같은 동작은 특별히 부정적인 의도를 가지지 않은 상황에서도 자주 나오므로 해석하기가 쉽지 않다. 다만 방어적인 행동을 보일 때 이를테면, 뒷걸음질을 치면서 갑자기 이런 동작을 취한다면 보호막을 치겠다는 의미로 해석할 수 있다. 하지만 이때 역시 정확한 결론은 해석의 5가지 기본 원칙을 적용한 뒤 내리는 게 좋다.

완전하거나 부분적인 팔 장벽 제스처가 나오기 바로 전이나 혹은 동시에 나오는 동작이 있다. 양 어깨를 들어 올리며 목을 움츠리거나, 시선을 돌리거나, 머리를 숙이거나, 양손을 초조하게 비비는 것 등이다. 이와 같은 동작은 모두 수줍거나 불확실할 때, 또 타인에게 지원을 요청할 때 나온다.

낯선 친구나 어른, 또 무서운 동물과 마주한 상황에서 무슨 일이 벌어질지 확실히 예측하기 어려울 때, 아이들은 부모 뒤에 숨어 다리를 꼭 붙잡고 안전을 확보한 다음 사태가 어떻게 전개되는지 지켜본다. 그러던 아이가 나이가 들면 보다 신체언어에 능숙해져서, 자신의 다리나 손과 팔, 혹은 가구나 물건 등 다른 장벽을 활용하게 된다.

앞에서, 인간은 자신의 몸을 보호하기 위해 의자 등받이나 자동차 문을 이용하기도 한다고 말했다. 상대와 약간의 거리를 둔 위치에서는 한층 안정적으로 자신감을 가지고 이야기할 수 있다. 경우에 따라 의자나 탁자, 그 밖의 다른 가구 등 고정된 물체를 나와 다른 사람 사이를 막는 일종의 장벽으로 활용하면, 초조함과 긴장감을 극복하는 데도 도움이 된다.

똑같은 이야기를 해도 의자 등받이에 허리를 기대고 자신 있게 말하는 사람과 의자 끝에 겨우 엉덩이를 붙이고 팔걸이를 움켜쥔 채 초조한 표정으로 이야기하는 사람은 완전히 달라 보일 수밖에 없다.

그러나 기분이 어떻든 가구 뒤로 몸을

가구 뒤에 숨기
: 거리 유지, 불안

숨기면 효율적인 의사소통을 하기가 어렵다. 그렇게 숨으면 무엇보다 다른 사람의 말을 제대로 듣지 않게 된다. 앞에서 언급한 교수처럼 놀라울 만큼 유용하고 통찰력 있는 지식을 가지고 있더라도, 이를 가르치려는 교수가 강의대 뒤로 고립되면 학생들의 관심을 이끌어낼 수 없다. 이런 장벽이 없었다면 그는 학생들과 좀 더 긴밀한 관계를 유지할 수 있었을 것이다.

더 이상은 말 않겠습니다

누군가에게 이야기할 때 손을 입 가까이나 입 앞으로 가져가는 사람이 있다. 이들은 때론 이런 동작을 정당화하기 위해 헛기침을 하기도 한다. 좀 더 나아가 입술을 삐죽 내밀기도 한다. 이러한 동작들은 의심이나 부족한 자신감을 숨기려고 하는 일종의 보호용 제스처다.

입 가리기
: 말하고 싶지 않음, 후회

하지만 이 같은 동작은 오히려 부정적인 인상을 준다. 무엇보다 이런 자세에서는 그 사람의 말이 또렷하게 들리지 않으므로 상대가 더욱 신경을 곤두세우게 된다. 메시지 전달이 어려워지는 것도 물론이다.

특히 대화 도중 갑작스럽게 손을 입술로 가져가는 동작은 대부분 말을 멈추려

진심은 감추고 본심은 읽어라

고 하는 신호다. 잠시 헷갈리거나 스트레스로 인해 머리가 하얘져서 무슨 말을 해야 할지 모르게 된 상황일 수도 있다. 이렇게 손으로 입을 가리는 건 하지 말아야 할 말을 했다는 뜻일 수도 있다. 내뱉은 말을 도로 주워 담고 싶거나 괜히 쓸데없는 말을 한 자신의 입술을 야단치는 것과 같은 동작이다.

웅얼웅얼

손가락이나 물건을
입에 가져가기
: 스스로 달램

손가락이나 펜 혹은 안경다리 같은 물건을 입 안에 넣으면 사람들과 제대로 교류할 수 없다. 이때 손가락이나 다른 물건은 일종의 장벽이 되는 셈이며, 장벽은 타인의 신뢰를 떨어뜨린다. 1981년 인간의 언어적 의사소통에 관해 연구해온 텍사스대학교 댄 오헤어Dan O'Hair와 1983년 마이클 코디 Michael Cody와 마거릿 L. 맥러플린Margaret McLaughlin도 이 같은 사실을 확인해주었다.

손으로 입을 가리거나 무언가를 입에 물고 있으면, 상대가 당신의 입술 동작을 제대로 해석할 수 없고 따르지 못하게 되어, 심기가 불편해진다는 것이다. 당사자의 목소리 크기가 작아지고 발음이 불분명해지는 건 물론이다.

이 자리를 피하고 싶다

어깨를 들어 올리며 목 움츠리기
: 스스로를 보호

양쪽 어깨를 들어 올리고 목을 움츠리는 자세 또한 다른 사람과의 유대감을 약화시키게 만드는 동작이다. 이 같은 자세를 약간 변형해 고개를 숙여 턱을 목 아래로 깊이 묻으면서 양 어깨를 한껏 들어 올리는 자세를 취한다면 타인으로부터 스스로를 보호하려는 행위로 해석할 수 있다.

가령 다루기 두렵고 어려운 화젯거리가 나오거나 불안을 조장하는 나쁜 소식이 등장해서 위험이 예상될 때, 이런 동작을 취하기 쉽다. 대화 도중에 누군가가 갑작스럽게 이 같은 동작을 취한다면 그 사람이 이 자리를 피하고 싶다는 뜻으로 볼 수 있다.

이 동작과 관련된 근육을 자주 사용하다 보면 이러한 자세가 아예 몸에 배어 굳어질 수 있다. 우리는 주변에서 등이 앞으로 굽어 있고, 목이 고니 같이 휘어져 있는 사람들을 어렵지 않게 볼 수 있다. 등이 굽은 사람은 대개 새로운 뉴스를 접할 때 몸을 움츠리고, 목이 휘어진 사람은 그 이야기를 더 자세히 들으려고 목을 빼는 버릇을 가지고 있을 가능성이 있다.

진심은 감추고 본심은 읽어라

초조하고 불안해요

언어학자 장 뤼크 네스풀루Jean-Luc Nespoulous와 안드레 로슈 르쿠André Roch Lecours는 손가락으로 탁자를 두드리는 동작을 가리켜, '언어 외적인 소통Extra-Linguistic Communication'이라고 설명했다. 이는 높아지는 불안감을 반영하는 제스처다.

비즈니스 관련 협상을 이어가던 도중 상대가 손가락으로 탁자를 두드린다면 그가 초조하다는 증거다. 더 자주 더 빨리 두드릴수록 초조함의 강도가 세다. 상대가 이런 행동을 하면 화제의 초점을 바꾸고, 그 사람이 초조해하는 이유를 알아내야 한다. 그렇게 두드리는 행위가 당신의 제안에 대한 비언어적 논평이라면, 대화를 계속해나가기 전에 그 문제부터 처리할 필요가 있다.

손가락으로 탁자 두드리기
: 초조함

당신과 거리를 두고 싶어요

누군가가 당신에게서 몸을 돌려 앉아 있다면, 당신에게 관심이 없고 당신과 거리를 유지하고 싶어 하는 것으로 해석할 수 있다.

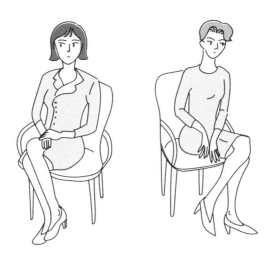

다른 방향으로 상체 혹은 머리 돌리기
: 관심 부족, 거리 유지

이때 당신 역시 그에게서 고개를 돌리고 있다면 메시지가 더욱 분명해진다. 상대에게서 몸을 돌리는 이유는 불안감을 숨기고 싶거나, 상대를 마주하기 싫어서다.

누군가와 이야기를 나누다가 얼굴을 돌리면 상대와 눈을 마주칠 수 없기 때문에 교류가 끊길 수밖에 없다. 의사소통 전문가들 역시 몸을 돌리고 있으면 상대의 공감을 얻기 힘들다고 주장한다.

인간의 상체 전면은 타인에게 신호를 보낼 때 매우 중요한 역할을 한다. 배꼽과 어깨가 정면이 아닌 다른 방향을 향한다면, 그 사람도 모르는 사이에 관심의 초점이 다른 곳으로 옮겨갔다는 뜻이다. 또한 상대의 발 위치와 발이 가리키는 방향 역시 자세히 봐야 한다. 물론 발의 위치를 해석할 때도 5가지 기본 원칙을 염두에 둬

진심은 감추고 본심은 읽어라

야 하지만, 특정 상황에서 발의 방향은 그 사람의 관심을 암시하는 좋은 단서가 될 수 있다.

오프라 윈프리의 관계적 대화

오프라 윈프리Oprah Winfrey는 수십 년간 토크쇼를 진행하면서, 많은 스타를 인터뷰하고 또 어려운 주제를 두고 토론을 벌였다. 그런데도 그녀는 부정적인 신체언어를 거의 보이지 않았다. 그 점이 그녀의 성공 비결이었는지도 모른다.

인터뷰를 진행할 때 그녀는 자주 손목을 드러내면서 개방적이며 적극적인 자세를 취했다. 여러 대의 카메라가 설치되어 있는 인위적인 TV 스튜디오 세트장이라고 해도, 그녀의 이러한 동작이 상대가 긴장을 풀고 마음을 여는 데 도움이 된다.

오프라 쇼의 출연자들 중에는 그녀에게 반감을 드러내거나 부정적인 신체언어를 보이는 게스트들도 많았다. 하지만 이때도 그녀는 긍정적인 제스처를 통해 상대가 마음을 다시 열 수 있도록 유도했다. 〈타임Time〉 지는 그녀의 진취적인 인터뷰 스타일에 대해, 대부분의 진행자가 사용하는 '보고용 대화Report Talk'와 다른, '관계적 대화Rapport Talk'라고 규정했다. 진정성과 공감으로 상대의 감정을 다룸으로써 오프라는 상대의 부정적인 신체언어 또한 '윈-윈' 상황으로 바꿀 수 있었던 것이다.

엄지 가려 쥐기
: 불확실, 복잡함, 방어

앞에서 우리는 손가락 중에서도 엄지는 그 사람의 자신감을 나타내며, 또한 에고[Ego], 즉 자아를 의미한다고 이야기했다. 이러한 이유로 인간은 자신감을 잃은 상태에서 자아를 보호해야 할 때, 상징적으로 엄지를 숨긴다. 같은 손으로든 다른 손으로든 엄지를 숨긴 채 주먹을 쥐고 있으면, 걱정스럽고 불확실하거나 복잡한 상황을 견디기 힘겨워, 방어적인 태도를 취하고 있다는 의미로 해석할 수 있다.

관심 없어요

호주머니에 손을 넣는 것도 다른 사람과의 소통을 단절시키는 포즈다. 논의에 참여할 의사가 별로 없거나 대화 상대와 거리를 두고 싶다는 암시일 수도 있다. 또 자신이 처한 상황이 다소 위험하다는 판단에서 비롯된 반응일 수 있다.

일단 주머니에 손을 넣게 되면 불확실한 마음을 감추고 말을 좀 더 편하게 할 수 있는데, 나아가서는 말로 상대를 공격할 수도 있다. 동시에 이런 동작은 보완적인 의미도 갖는다. 주머니에 손을

넣어 불안감을 어느 정도 감추면서 적의를 드러내
거나 심지어 오만하게 행동할 수 있기 때문이다.
이때 주머니에 넣은 손을 둥글게 말아 주먹을
쥐고 있다면 특히 그렇다.

손을 주머니에 넣고 있다는 것은 어떤 조치
를 취하거나 어떤 활동에 참여할 생각이 별로
없다는 증거다. 또한 상대를 이해하고 싶은 생
각이 없다는 뜻으로도 사용된다. 손을 꽉 쥔 채
갑자기 주머니에 찔러 넣으면, 반론을 시작하
기에 앞서 의식적으로 상대와 타협할 생각이
없다는 신호로 볼 수도 있다.

호주머니에 손 넣기
: 열의 부족, 방어

단, 긍정적인 의미도 없지는 않다. 다른 긍정적인 신체언어를 드
러내며 대화를 나누고 있는 두 사람이 주머니에 손을 넣고 있다면,
그들이 상대에 대한 긴장을 풀고 개방적인 입장을 취하고 있는 신
호로 볼 수 있다. 다만 공식적인 대화 자리에서 주머니에 손을 넣
고 있으면 무관심으로 해석되어 비우호적인 태도로 비칠 수 있으
니 유의하자.

그만하시죠

어떤 장소에서 떠나거나 자신의 차에서 내리는 유명인사가 자

손으로 그만하라는 신호
: 제지, 연기

신에게로 다가서는 기자에게 팔을 뻗는 제스처를 보일 때가 있다. 이는 자신에게 '질문하지 말라'는 제지의 신호로 볼 수 있다. 어떤 질문에든 이야기할 생각이 없으니 조르지 말라는 뜻이다. 이러한 포즈를 취하는 사람은 대개 시선을 내려 상대와 눈을 마주치지 않는다.

손을 상대 앞으로 뻗는 동작은 거절이나 제지를 의미한다. 자신이 원하지 않는 상황으로부터 자신을 보호하겠다는 분명한 표현이다. 손가락을 펼치거나 두 손을 사용한다면 신호의 강도도 세져 상대와 거리를 유지할 수 있다. 정치인들이 연설을 하면서 손바닥을 아래로 내리는 것은 이런 제스처의 변종인데, 앞에서 언급했듯 이는 지배 의지를 나타낸다. 다른 사람에게 조용히 하라고 이야기할 때도 이런 제스처를 취한다.

여기까지 하죠

앉아서 토론을 하는 도중 누군가가 갑자기 몸을 앞으로 기울이면서 손을 허벅지에 놓으면, 토론 내용을 받아들이지 않겠다거나 관심이 없다는 신호로 볼 수 있다. 논의를 그만하고 자리를 뜨려는

진심은 감추고 본심은 읽어라

사람에게도 이런 제스처가 나온다. 인간 커뮤니케이션에 관해 연구해온 마크 냅Mark Knapp과 로드릭 하트Roderick Hart, 구스타브 프리드리히Gustav Friedrich 등도 1973년 대화를 끝내려는 사람들의 '부적절한 제스처' 목록에 이 동작을 포함시킨 바 있다. 마치 금방이라도 일어날 것처럼 양손을 의자 옆에 놓는 자세도 이 제스처의 변형이라고 할 수 있다. 여기엔 미간을 찌푸리고 화난 표정을 짓는 등 몇 가지 반대 의사를 나타내는 표정이 수반되기도 한다.

무릎에 손 놓기
: 불만, 자리를 떠나려 함

전 반대입니다

토론을 하거나 새로운 이야기를 듣다가 중요한 순간, 갑자기 빠른 동작으로 다리를 쭉 뻗으면, 자신은 입장을 바꿀 생각이 없으며 상대의 질문을 무시한다는 신호

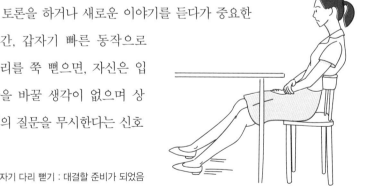

갑자기 다리 뻗기 : 대결할 준비가 되었음

다. 때로는 공격할 준비가 되었다는 의미로도 볼 수 있다. 이때 팔짱을 끼거나 목을 뻣뻣이 세우고 머리를 뒤쪽으로 움직이면, 상대의 의견에 대한 거부감의 수위도 올라간다. 반대 의사를 적극적으로 드러낼 뜻이거나 심지어 공격할 태세를 갖추었을 때 이런 제스처가 나온다.

자, 이렇게 하세요

허리에 손 올리기
: 공격, 지배 의지

앞에서 언급했지만, 손을 허리에 놓으면 조치를 취하겠다는 뜻이다. 이는 자신이 사태를 진전시키겠다는 의지를 드러내는 자신감 넘치는 제스처다.

그러나 상황에 따라서는 공격의 신호로 해석할 수도 있다(손이 잘 보이고 자세가 당당하다면 더욱 그렇다). 공작새가 상대를 위협하기 위해 자신의 깃털을 활짝 펼쳐 몸집을 부풀리는 것과 비슷한 방식이다.

타인에게 무언가를 지시할 때 허리에 손을 올리면 카리스마가 돋보인다. 반면 누군가에게 지시를 받을 때 이런 자세를 취하면 자신을 하급자로 여기지 않는다는 뜻을 드러내는 것이기에, 상대의

진심은 감추고 본심은 읽어라

감정을 건드릴 수 있다.

남성이 여성 앞에서 이런 포즈를 취하면 성적 저의를 분명히 밝히며 남성다움을 과시하려는 시도로 볼 수 있다.

더 읽기

정치인들의 검지 활용법

거짓말을 하는 사람은 여러 사람의 시선을 받는 상태에서는 좀 더 공격적인 제스처를 취한다는 걸 아는가? 이런 포즈를 취하는 거짓말쟁이를 보면 무척 흥미롭다.

이와 같은 자세로 거짓말하는 이에게 도전적인 질문을 던지면, 대부분 발끈한다. 많은 사람 앞에서 거짓말을 하는 사람은 자신의 초조함을 감추기 위해 일부러 화를 낸다. 특히 정치인들은 거짓말을 할 때 무언가를 검지로 가리키거나 검지를 흔드는 제스처를 자주 취한다.

미국 37대 대통령이었던 리처드 닉슨Richard Nixon도 자신에게 거짓말을 한다는 비난이 쏟아질 때마다 검지를 치켜들며 진실을 외면했고, 가끔은 연단의 탁자를 주먹으로 내리치면서 강하게 분노를 드러내곤 했다. 모니카 르윈스키Monica Samille Lewinsky와의 스캔들로 유명했던 빌 클린턴 대통령 역시 당시에 "나는 그 여자와 성관계를 맺지 않았다"고 이야기하면서 검지를 위협적으로 흔들었다.

경고하는데!

3장에서 검지로 무언가를 가리키는 동작은 상대를 지배하려 하거나 경고를 주거나 질책하려는 의도가 포함된 것이라고 설명했다. 검지로 가리키면 상대는 자신도 모르게 반감을 품게 되므로 교류가 단절되는 효과가 난다. 토론 중 검지를 흔들면 상대가 적대감과 증오심을 드러낼 가능성이 있다. 만약 그런 식으로 행동할 '권리'가 있을 만큼 권위적인 입장에 있지 않은 사람이 검지를 흔든다면, 상대가 모욕감을 느껴 공격적으로 대응할 것이다. 정치 토론이 격해질 때 토론 참여자들이 자신의 검지를 얼마나 많이 흔드는지 지켜보는 것도 흥미로울 것이다. 연인끼리 싸울 때도 마찬가지다.

자녀를 키우면서 아이들에게 검지를 자주 사용하는 것은 좋지 않다. 그런 동작이 부모와 자식 간의 거리감을 조장하기 때문이다. 검지를 자주 사용하는 부모 아래서 자라는 아이는 자신이 부모에게 사랑이나 인정을 받지 못한다는 느낌을 받게 된다.

특히 나머지 손가락을 말아 주먹을 쥐고 검지만 치켜올릴 때 제스처가 가진 의미나 효력이 더욱 강해진다. 주

검지로 가리키기 : 공격, 경고

진심은 감추고 본심은 읽어라

먹을 쥐는 강도가 세면 셀수록 부정적인 느낌이 더 강하다. 위협하듯이 검지를 앞뒤 혹은 좌우로 율동적으로 흔들면 부정적인 수위가 더 높아진다.

학생이 큰 잘못을 저질렀을 때 교장선생님이 자주 취하던 동작이지 않은가? 이럴 때 학생은 불안과 두려움이 커져 고개를 푹 숙일 것이다.

검지는 알게 모르게 부정적인 함의와 깊이 연관되어 있다. 따라서 강의나 프레젠테이션에서 칠판에 적힌 내용을 가리켜야 할 때라도 가능한 한 검지는 사용하지 않는 것이 좋다. 차라리 다섯 손가락을 활짝 편 손바닥으로 가리키는 편이 낫다. 하지만 이미 사람들은 무언가를 검지로 가리키는 데 익숙하므로 이렇게 하려면 연습이 필요할 것이다. 그런데도 보는 입장에서는 그 차이가 적지 않다는 걸 명심하라. 만약 청중을 상대로 무언가 이야기할 때 나머지 손가락을 접고 검지로만 무엇을 가리키던 동작 대신 다섯 손가락을 편 손바닥으로 가리킨다면, 청중들도 발표자의 말에 더욱 호의를 가지고 집중할 것이다.

난 맘에 들지 않아요

누군가가 자신의 턱을 아래로 끌어당긴 채 당신을 올려다본다면, 그 사람의 눈동자 아래의 흰자위가 드러날 것이다. 이는 부정적

이거나 비판적 그리고 공격적인 태도를 드러내는 자세다. 이를 조금 변형하면 눈을 가늘게 치켜뜨거나 눈살을 찌푸리는 동작이 된다.

머리를 숙인 채
올려다보기
: 부정적 태도, 비판

만약 누군가에게 어떤 제안을 했는데 그에 대한 반응으로 상대가 이 두 가지 표정을 짓는다면, 사태가 어려워질 것으로 예상해야 한다. 이는 상대가 당신의 방식을 신용하지 않는다는 뜻이다. 따라서 당초 방침을 계속 고집하기보다 다른 방식을 시도해보는 것이 더 현명하다. 다른 제안을 내놓거나 아니면 어떤 부분이 마음에 들지 않는지 질문하여 다른 쪽으로 협상을 진전시킬 필요가 있다는 것이다.

개방적인 자세로 몸을 앞으로 기울이거나, 상대에게 진심이 담긴 미소를 짓거나 생각에 잠긴 표정이나 은근한 시선을 보내는 등 보다 긍정적인 신호를 보내는 것은 물론, 또 그런 제스처를 상대에게서 이끌어낸다면 협상은 한결 수월해질 것이다.

반론의 시작

대화하던 중에 상대가 머리를 뒤로 젖히면서도 목을 계속 뻣뻣하게 유지한다면, 그가 당신이 방금 한 말에 대해 반론하리라는 걸

진심은 감추고 본심은 읽어라

예상해야 한다. 그런 식으로 머리를 제치는 것은 상대의 견해와 거리를 두겠다는 뜻이다. 목을 뻣뻣이 유지할수록 감정의 강도가 센 것이다.

머리를 뒤로 젖히고
목은 뻣뻣이
: 부인, 거절

이런 점에서 인간의 신체부위 중 목은 그 사람이 얼마나 유연한 사고를 할 수 있는지 아닌지를 보여주는 매우 중요한 지표가 된다. 목을 뻣뻣하게 긴장시키는 사람은 보통 경직되고 완고한 생각을 가진 경우가 많아, 어떤 새로운 일처리 방식에 개방적이지 못하고, 보통 다른 사람들의 의견에 쉽게 동조하지 않는다.

글쎄요

어떤 상황에서든 어깨에 힘을 줘 으쓱하면서 목을 움츠리면, 보호받고 싶다는 신호로 해석할 수 있다. 불안한 상태에서 어떻게 해야 할지 모를 때 저절로 이런 동작이 나온다. 크게 위협적인 상황이 아니라면 어깨의 긴장은 금방 풀어져 다시 정상적인 위치로 돌아온다.

어깨에 힘을 줘 으쓱하며
목 움츠리기
: 보호, 불안

그러나 곰곰이 생각해도 마땅한 대응 방법이 떠오르지 않는다면, 그런 자세가 얼마간 지속될 것이다. 연구자들은 이러한 포즈를 취하는 사람의 경우 상대가 어떤 과제나 대안을 제시할 경우 이를 받아들일 가능성이 크다고 말한다.

방금 뭐라고 하신 거죠?

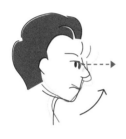

머리를 수평으로 들기
: 동의하지 않음

상대가 받아들이기 힘들 정도로 기분 나쁜 이야기를 하면, 인간은 자신도 모르는 사이에 머리를 빠르게 수평 위치로 들어 올려 상대를 똑바로 응시하게 된다. 이는 반감이 생겨 대화가 대결 국면으로 들어섰다는 암시로 해석할 수 있다. 머리는 일종의 관제탑과 같다. 따라서 상대가 이야기한 무언가가 옳지 않다고 생각되면 문제의 원인을 좀 더 분명히 볼 수 있는 각도로 머리를 들게 된다.

해보자는 거야?

턱을 들어 올리고 머리를 약간 뒤로 젖혀 목을 드러내면, 상대

진심은 감추고 본심은 읽어라

보다 내가 더 우월하다고 말하는 신호다. 말했듯, 목은 인간의 취약한 부분을 의미하는데, 이렇게 취약한 목을 드러내도 문제가 없을 정도로 두려울 것이 없다는 표시인 셈이다. 이런 포즈를 취하면 상대도 이를 대개 오만한 자신감의 표현으로 받아들인다.

턱 쳐들기 : 오만, 대결

예를 들면, 거리에서 싸움이 붙어 주먹과 발길질이 오가기 직전, 자신이 더 세다는 것을 보여주려 할 때 사람들은 이 같은 포즈를 취한다. 이때 가슴을 내밀고 허리에 손을 얹는 등 몸을 크게 보이는 시도도 보인다. 협상을 해야 하는 상황에서 상대가 이런 동작을 취한다면 좋지 않은 신호로 해석해야 한다.

지루하기 짝이 없군

머리를 한쪽으로 기울여 손으로 괸다면 지루하다는 신호일 가능성이 크다. 각도를 더 많이 기울일수록 그 정도가 더 심하다. 상대의 말에 비판적이거나 부정적일 때 이런 자세가 나온다. 손가락을 펴쳐 뺨에 대고 머리를 받치거나 엄지를 턱 아래에 대는 식으로 변형할 수도 있다.

손으로 머리 받치기
: 지루함, 부정적

습관이거나 맘에 안 들거나

두 다리를 서로 꼬는 행위는 상황에 따라 다양한 의미를 지닐 수 있다. 따라서 5가지 기본 원칙에 따라 해석해야 한다. 예를 들어, 대화를 나누는 도중 상대가 갑자기 자세를 바꿔 다리를 꼬면, 방금 듣거나 보거나 생각한 것에 대한 비언어적인 반응일 것이다. 마찬가지로 평소에는 다리를 가지런히 모으고 앉는 사람이 어떤 상황과 순간에 다리를 꼬았다면, 초조하거나 반감이 생기거나 방어하려는 신호일 수 있다.

사실 다리를 꼬는 자세는 선사시대 때부터 생식기를 보호하려는 본능에서 나온 행위다. 물론 경우에 따라, 다리를 꼬는 행위가 수줍음과 겸손을 뜻할 때도 있다. 상급자에게 무언가를 배우거나 프레젠테이션을 듣고, 교육을 받을 때 다리를 꼴 수 있는데, 강의나 세미나 중에 메모를 하기 위해 수첩 같은 것을 무릎 위에 놓기 위해서라도 편의상 다리를 꼬는 경우가 많다.

여성의 경우 어렸을 적부터 이런 자세를 취하도록 배우기도 한다. 따라서 다리를 꼬는 여성을 무조건 부정적인 태도와 연관 지을 수는 없다. 특정한 기분이나 생각에 대한 표현이라기보다 습관일 가능성이

다리 꼬기 : 습관 혹은 부정적 평가

진심은 감추고 본심은 읽어라

크기 때문이다. 그러나 특정 상황에 대한 반응으로 특별한 순간에만 갑자기 다리를 꼬았다면, 다른 의미가 있다는 걸 기억하자.

내 생각은 달라요

대화 도중 갑자기 팔짱을 끼면서 다리를 꼬는 행위는 논의를 중단하고 상대와 거리를 두겠다는 의미로 볼 수 있다. 이렇게 이중으로 장벽을 치면 아무리 대화를 다시 해보려고 해도 실패할 가능성이 크다.

처음부터 이러한 포즈를 취하고 있는 사람은 대화 내용에 관심이 없거나 완전히 다른 견해를 갖고 있는 경우가 많다. 게다가 그 사람은 그런 입장을 분명히 드러내는 걸 주저하지 않는다. 그러니 상대가 이 같은 반응을 보인다면,

팔짱을 낀 채 다리 꼬기
: 거리 두기, 부정적 태도

좀 더 긍정적인 반응을 이끌어낼 수 있도록 주제를 바꿔야 한다. 호의적인 답이 나올 만한 질문을 던져 반감을 줄이면, 상대를 다시 대화의 장으로 끌어낼 수 있다.

시시비비를 따져보자

한쪽 무릎 위에 90도로 다리 얹기
: 대결 혹은 논쟁할 준비가 됨

앞서 설명했듯, 한쪽 다리를 다른 쪽 무릎에 올려 직각이 되게 하는 자세는 자신감의 표현이다. 그러나 정황에 따라, 상대의 견해에 동의할 수 없으며 따라서 토론을 해보자는 신호로 해석할 수도 있다. 여성들은 다른 방식으로 논쟁 의사를 드러내지만, 남성은 대개 논쟁을 벌이기 직전에 이런 자세를 취하는 경우가 많다. 올려놓은 다리를 손으로 잡고 있으면 신호의 의미가 강해진다. 이는 의견을 굽힐 생각이 없으며 쉽게 설득당하지 않겠다는 뜻이다. 자신감을 드러내는 긍정적인 메시지를 부정적인 것으로 해석해야 할 시점이다.

노코멘트할게요

발목 꼬기
: 방어, 숨기는 것이 있음

대화 도중 중요한 순간에 갑자기 발목을 꼬는 동작은 부정적이거나 방어적인 입장을

진심은 감추고 본심은 읽어라

드러내는 행위다. 어떤 정보를 알려주지 않겠다는 뜻도 된다. 이같은 포즈를 취하면서 무릎에 손을 놓거나 팔목을 초조하게 잡는다면 부정적이거나 비판적인 느낌이 강조된다.

관심 없고 지루해

눈을 감는 건 일반적으로 보고 싶지 않다는 의미다. 대화 내용에 전혀 관심이 없는데 상대가 주제를 바꾸지 않으면, 보통의 경우보다 조금 더 오래 눈을 감아 상대를 보지 않으려고 한다.

눈을 감음
: 거리 두기, 관심 없음

방에 새로운 사람이 들어 올 때, 방안에 있던 사람이 눈을 감는지 아닌지를 통해서도 새로 들어온 사람에 대한 관심 여부를 확인할 수 있다. 눈을 크게 뜨면 새로 온 사람에게 관심이 있다는 뜻이고, 눈을 감는다면 전혀 관심이 없다는 뜻으로 해석할 수 있다.

대화를 나누던 사람이 눈을 감는다면, 주제에 대한 그 사람의 관심이 사라졌거나 대화를 지루해하는 것으로 보면 된다. 특히 미팅이 지루해지면 눈을 감고 있다가 졸게 되는 경우도 있다.

눈을 감으면서 고개를 뒤로 젖히는 동작은 우월감을 드러낸다. 상대가 대화 중에 이런 자세를 취하면 일이 잘 진행되지 않을 것으로 예상할 수 있다. 이때는 다른 대화법을 시도하는 것이 상책이다.

단, 눈을 감는 것과 눈을 느리게 깜빡이는 것은 전혀 다른 의미이니, 혼동하지 말아야 한다. 눈을 느리게 깜박이는 것은 상대의 의견에 동의하거나 확인해주는 끄덕임일 수 있다. 조금만 주의를 기울이면 둘의 차이를 알아차릴 수 있다. 이때도 신체언어 해석의 5가지 기본 원칙을 적용해서 살펴보자.

 ## 부정적인 신체언어 대응법

타인과의 교류를 단절시키는 동작이나 자세는 아주 많다. 가장 대표적인 것이 팔다리를 꼬아 장벽을 만들거나 거리를 두는 방식이다. 이는 상대와 마음을 터놓고 대화할 생각이 없다는 표시다. 이런 자세를 취하게 되는 원인은 불확실함이나 수줍음, 부정적인 생각 등 다양하다. 이유야 어떻든 확실한 건 이런 동작을 취하는 상대가 당신을 완전히 신뢰하지 못하고 있다는 것이다.

이와 같은 상황이라면, 좀 더 긍정적인 신체언어로 대응해야 한다. 다만 자칫 너무 과도한 자신감이나 건방져 보일 수 있는 신체언어가 나오지 않도록 조심해야 한다. 또한 의식하지 못한 상태에서 당신 역시 이런 식으로 장벽을 칠 수 있으니, 스스로 자신을 돌아보아 얼른 자세를 고치고 대화를 다시 시작하는 것이 좋다.

부정적인 신체언어의 두 번째 유형은 공격성을 드러내는 제스처

진심은 감추고 본심은 읽어라

다. 무언가를 검지로 가리키거나 허리에 양손을 올리거나 턱을 드는 동작 등이 여기에 해당한다. 이런 제스처는 결국 대결 국면을 조장한다. 상대가 당신에게 계속해서 공격적인 신호를 드러낸다면, 당신이 상대의 심기를 건드릴 만한 말이나 행동을 한 게 있었는지 직접 물어보는 게 좋다. 간단한 사과만으로도 대화를 정상으로 돌려놓을 수 있기 때문이다. 다시 한번 말하지만, 당신이 아무 의도 없이 취한 신체언어가 타인에게는 우월감이나 오만함으로 비칠 수도 있다. 그럴 때 상대가 똑같이 부정적인 방식으로 대응하는 것도 무리가 아닌 것이다.

지금까지 소개한 부정적인 신체언어 중, 상대의 의도에 해당되는 것이 하나도 없다면 그가 천성적으로 부정적인 사람이라고 결론 내릴 수밖에 없다. 그와 굳이 대화를 나눌 필요가 없다면 하지 않으면 그만이다. 하지만 그와 대화를 하고 논의하고 협상하는 일을 해나가야 한다면, 대화의 환경을 바꿔보길 제안한다. 분위기를 전환해 대화를 할 만한 다른 장소를 찾거나 더욱 풍성한 대화가 오고갈 수 있는 공감할 만한 주제로 이야기 내용을 바꿔보는 것도 한 가지 방법이다.

팔짱	부정적 또는 보호
팔짱을 낀 채 주먹 쥐기	부정적이고 공격적인 자세, 공격할 준비가 됨
팔짱을 낀 상태에서 팔 윗부분 잡기	부정적, 긴장된 자세
깍지 낀 손	부정적, 불확실, 초조함
한 손으로 다른 손 잡기	보호, 수줍음
한 손으로 반대쪽 팔꿈치 잡기	거리 유지, 불안
가구 뒤에 숨기	거리 유지, 불안
입 가리기	말하고 싶지 않음, 후회
손가락이나 물건을 입에 가져가기	스스로 달램
어깨를 들어 올리며 목 움츠리기	스스로를 보호
손가락으로 탁자 두드리기	초조함
다른 방향으로 상체 혹은 머리 돌리기	관심 부족, 거리 유지
엄지 가려 쥐기	불확실, 복잡함, 방어
호주머니에 손 넣기	열의 부족, 방어
손으로 그만하라는 신호	제지, 연기

무릎에 손 놓기 — 불만, 자리를 떠나려 함

갑자기 다리 뻗기 — 대결할 준비가 되었음

허리에 손 올리기 — 공격, 지배 의지

검지로 가리키기 — 공격, 경고

머리를 숙인 채 올려다보기 — 부정적 태도, 비판

머리를 뒤로 젖히고 목은 뻣뻣이 — 부인, 거절

어깨에 힘을 줘 으쓱하며 — 보호, 불안
목 움츠리기

머리를 수평으로 들기 — 동의하지 않음

턱 쳐들기 — 오만, 대결

손으로 머리 받치기 — 지루함, 부정적

다리 꼬기 — 습관 혹은 부정적 평가

팔짱을 낀 채 다리 꼬기 — 거리 두기, 부정적 태도

한쪽 무릎 위에 — 대결 혹은 논쟁할 준비가 됨
90도로 다리 얹기

발목 꼬기 — 방어, 숨기는 것이 있음

눈을 감음 — 거리 두기, 관심 없음

5장

감정을
읽을 수 있는
신체언어

이 장에서 다룰 내용 ✏️

- 몸에서 드러나는 감정
- 신체언어가 관계에 대해 알려주는 것

몇 년 전, 한 기업의 HR 책임자로부터 그녀의 관리팀을 대상으로 신체언어 교육을 맡아달라는 요청을 받았다. 직접 만난 자리에서 보인 그녀의 신체언어는 매우 개방적이고 적극적이었다. 이는 그녀가 우리의 제안을 매우 긍정적으로 생각한다는 의미였고, 실제로도 그랬다. 그녀는 확실히 우리가 제시하는 신체언어 교육 프로젝트를 열린 자세로 받아들었다.

　그러나 CEO가 방으로 들어오자, 그녀의 태도가 돌변했다. 그녀의 어깨는 돌처럼 굳었고, 목소리의 크기도 줄어들었으며, 자꾸만 자신의 머리카락을 만지작거리는 등 보스를 두려워하는 기색이 역력했다.

CEO와 대화를 나누는 동안 그녀가 보인 행동이나 제스처에는, 그들의 관계의 본질에 관한 분명한 정보가 들어 있었다. 둘의 관계 기반은, 신뢰와 열린 협력이나 자유로운 의사 교환이 아닌, 상명하복이었던 것이다.

해당 기업의 CEO가 어떤 위압적인 행동을 드러낸 것은 아니었지만, 주변 사람과 거리를 두려고 하는 의도는 분명히 엿보였다. 다만 그는 자신의 생각을 남이 눈치채길 원하지 않는 것 같았다. 좀 더 지켜보면서 상황을 면밀히 분석한 결과, 우리는 그의 감정과 인간관계에 대해 더 많은 것을 알 수 있었다. 대략적으로 분석한 것만으로도, 우리는 HR 책임자와의 관계에서 그가 어떤 정서를 조성하길 원하는지, 또 회사의 구조가 어떻게 이루어졌는지까지 짐작할 수 있었다.

> ## "신체언어는
> ## 그 사람의 실제 기분을 드러낸다."

상대의 이야기에 고개를 끄덕이는 동작의 유래는 중세시대까지 거슬러 올라간다. 고개를 살짝 숙이는 제스처는 여러 문화권에서 존경을 나타내는 신호다. 오늘날 일상생활에서 목격하게 되는 이러

진심은 감추고 본심은 읽어라

한 동작은 상대가 한 이야기를 받아들이고 동의한다는 뜻이다.

그러나 예외도 많다. 불가리아에서 고개를 끄덕이면 '아니다'라는 의미다. 일본에서는 그저 경청하고 있다는 뜻일 뿐 동의를 의미하는 건 아니다.

고개 끄덕이기
: 집중, 동의, 인정, 경청

서구인들은 비교적 자신의 감정을 잘 드러내는 편인데, 그들에게 고개를 끄덕이는 동작은 동의의 신호다. 미소가 수반될 때는 특히 그렇다. 상대가 고개를 끄덕이면 당신이 하는 말에 큰 관심을 가진다는 신호로 봐도 좋다. 연구자들도 상대의 말에 이런 종류의 긍정적인 반응을 보이는 것이 소통에 도움이 된다고 강조했다.

비즈니스 관계에서도 상대가 고개를 끄덕이는지 유심히 지켜보면 도움이 된다. 처음 고개를 끄덕이는 동작에는 진심이 담겨 있을 가능성이 크다. 비록 잠시 후 '아니'라는 의미로 고개를 가로젓더라도 말이다. 이처럼 고개를 끄덕인 뒤 바로 나오는 반대 동작은 사실 긍정적인 심정을 감추려는 협상 전략일 가능성이 크다.

앞서 말했듯, 특별히 의식하지 않았음에도 저절로 나오는 신체언어는 거짓말을 하지 않는다. 아무리 격렬한 토론을 벌이고 있는 상황이라고 해도, 무의식적으로 짧게 고개를 끄덕였다면 긍정적인 의견을 갖고 있다고 봐도 좋다.

싫어요

고개 가로젓기
: 반대, 불만, 놀람, 감정 강조

아기는 배가 부르면, 고개를 가로젓는다. 입에 갖다 댄 음식을 먹고 싶지 않을 때 고개를 돌리는 것은 '싫다'는 뜻을 분명히 드러낼 수 있는 가장 쉬운 방법이다. 그런 이유 때문에 이와 같은 동작은 어느 문화권에서나 거절이나 부인의 의미를 갖게 되었다.

깜짝 놀라거나 예기치 못한 일이 일어날 때도 같은 동작을 취할 수 있다. 그러나 이런 제스처를 분석할 때는, 해석의 5가지 기본 원칙을 꼭 적용해봐야 한다. 경우에 따라 고개를 흔드는 것이 다른 의미를 갖거나 단순히 어떤 감정을 강조하는 방법일 때도 있기 때문이다.

불안해

앞에서 입에 무언가를 넣는 행위가 불안감을 드러내는 신호일 수 있다고 설명했다. 그러나 스트레스를 많이 받거나 중압감에 시달릴 때도 이런 제스처가 나오곤 한다. 아기가 울면 엄마들이 고무로 만든 '공갈 젖꼭지'를 물리곤 하는데, 이것이 아이에게 안정감을 주기 때문이다.

어른 역시 난처한 순간에 입에 무언가를 넣으면 위안을 얻을 수 있다. 안정을 찾기 위해서 무의식적으로 하는 행동이다. 손가락을 입에 넣는 것도 안전을 바라는 내면의 욕구가 밖으로 드러난 것이다. 입에 넣는 물건이 꼭 손가락일 필요는 없다. 담배나 펜, 안경다리도 같은 기능을 한다.

입에 무언가 넣기
: 불확실, 안정에 대한 욕구

수줍거나 불안하거나

손으로 자신의 머리카락을 만지작거리면 수줍거나 불안하다는 신호다. 옛날부터 여러 문화권에서 공통적으로 볼 수 있는 신체언어다. 예를 들어, 회사를 처음 방문한 사람들에게 회사 곳곳을 구경시켜주면서 방문객이 어떤 반응을 보일지 몰라 불안함을 느끼는 담당자라면, 이런 동작을 취할 수 있다. 중요한 미팅에서 새로운 프로젝트를 소개하는 사람도 이런 동작을 취하곤 한다.

머리카락 만지작거리기
: 수줍음, 불안, 유혹하는 여성

경우에 따라, 특정 남성의 관심을 끌려는 의도를 가진 여성도 머리카락을 만지작거릴 수 있는데, 이때 그녀가 유혹하는 듯한 표정을 짓는다면 더욱 확실하다.

글쎄, 잘 모르겠어요

머리 긁적이기
: 오른손으로 긁으면,
지식 부족 혹은 도움 요청,
왼손으로 긁으면, 불확실

누군가와 대화를 나누는 도중 내가 던진 말에 상대가 자신의 머리를 긁적인다면, 그가 내가 한 말이나 어떤 일을 하기 두려워하거나 그에 대해 확신을 갖지 못한 것으로 해석할 수 있다. 이때 머리를 긁는 손이 어느 쪽인지를 유심히 볼 필요가 있다. 오른손은 합리적인 판단을 좌우하는 좌반구와 연결되어 있는데, 오른손으로 머리를 긁는 건 정답을 잘 모르겠으니 도와달라는 신호로 봐도 좋다. 반면 왼손은 정서 기능을 담당하는 우뇌와 연결되어 있으므로 왼손으로 같은 제스처를 취한다면, 조만간 스스로 답을 찾아낼 수도 있다는 신호다. 다시 말해, 왼손으로 머리를 긁적이는 동작은 도와달라기보다 아직까지는 확실하지 않다는 뜻으로 봐야 한다.

진심은 감추고 본심은 읽어라

걱정돼요

턱을 문지르는 동작은 불안하다는 신호다. 어떤 질문에 답을 해야 하는 사람이 자신의 답에 대해 사람들이 어떤 반응을 보일지 걱정되면, 자신도 모르게 턱을 문지르게 된다. 방금 받은 제안에 대한 결정을 내려야 할 때도 같은 동작이 나

턱 문지르기 : 심사숙고, 불안

온다. 이처럼 상대가 턱을 문지르고 있다면, 그 사람이 긍정적 혹은 부정적인 반응을 암시하는 다른 신호를 보내는지도 함께 살펴보라. 그러면 그 사람이 입을 열기 전에, 다른 신체언어를 통해 그 사람의 생각을 짐작할 수 있다.

 ## 입을 가리는 심리

앞에서 이야기했듯 손으로 입을 가리면 장벽이 생겨서 타인과의 소통이 제대로 이루어지지 않는다. 다만 손을 입 앞에 어떻게 놓느냐, 그 방식에 따라 메시지는 여러 가지가 될 수 있다.

입 가리기
: 불확실, 당황, 후회, 두려움

우선, 펼친 손가락에 힘을 빼고 평평한

손바닥으로 입술을 누르는 제스처가 있다. 이런 동작은 무언가가 확실하지 않다는 의미다. 무작정 말을 뱉어놓고 후회되거나 다른 사람의 말에 동의하지 않을 때도 이런 동작을 취할 수 있다. 거짓말을 해놓고 아차 싶을 때도 자기도 모르게 손이 입으로 간다. 그렇게 손으로 입을 가리면 사람들이 그 사람 얼굴에서 두려움을 읽어내기 어렵기 때문이다.

나쁜 소식을 들었을 때 역시 손이 입으로 간다. 사고나 위험한 일을 목격할 때도 마찬가지다. 이처럼 입으로 손을 가져가는 타이밍과 위치, 방식에 따라 그 의미가 조금씩 달라진다.

제스처에 담긴 기본 정서

상대의 기분이 어떤지 가장 확실하게 짐작할 수 있는 방법이 있다. 그의 안면근육이 매우 짧게 수축되는 미세표정을 살피는 것이다. 이에 대해서는 7장에서 더욱 상세하게 설명할 것이다. 이런 특수한 범주의 표정은 인간의 7가지 기본 정서에 관한 정보를 제공한다. 이런 정서들은 주로 변연계limbic system과 관련이 있다. 대개는 이성적으로 의식하기도 전에 다음의 신체언어가 보내는 신호로 그 실마리를 잡을 수 있다.

인간의 7가지 기본 정서를 알려주는 신체언어를 간단하게 살펴보면, 다음과 같다.

진심은 감추고 본심은 읽어라

- 행복 : 열정을 드러내는 제스처. 두 손을 비비거나 고개를 크게 끄덕이는 동작 등
- 혐오 : 회피하는 제스처. 손을 앞에 놓거나 몸을 돌려 피하는 동작 등
- 경멸 : 지나친 자신감이나 오만함이 드러나는 제스처. 두 손을 머리 뒤로 가져가거나 턱을 내리거나 고개를 뒤로 젖히는 동작 등
- 분노 : 공격적인 제스처. 주먹을 쥐거나 손을 등 뒤로 가져가는 동작 등
- 두려움 : 불확실함을 드러내는 제스처. 손을 흔들거나 어깨를 올리면서 목을 움츠리는 동작 등
- 슬픔 : 거리를 두거나 혼자 있고 싶어 하는 제스처. 뻣뻣하거나 방어적인 자세, 혹은 눈을 마주치지 않으려는 동작 등
- 놀라움 : 느닷없이 집중하는 동작. 눈을 빠르게 깜빡이거나 상대가 더 잘 볼 수 있도록 몸을 앞으로 기울이는 동작 등

후회돼

인간은 깊은 슬픔에 빠질 때나 자신이 부적절한 말이나 행동을 한 뒤 어리석었다고 느낄 때, 저절로 시선을 내려 바닥을 본다. 이는 불확실하거나 불편하다는 감정의 표현으로, 상대와 눈을 마주치지 않으려는 심리에서 비롯된 행동이다. 예기

시선 내리기
: 후회, 불확실, 수줍음

치 못한 자리에서 높은 사람을 만나게 될 때도 이렇게 시선을 피하게 된다. 시선의 방향만 자세히 살펴봐도 그 사람이 한 집단에서 차지하는 지위를 어느 정도 짐작할 수 있다.

이야기하고 싶지 않아

구부정한 등
: 동기 부족

대화 도중에 갑자기 등을 굽히며 구부정한 자세를 취하는 사람은, 더 이상 교류를 해야 할 동기가 사라졌다는 신호로 봐야 한다. 이는 상대에게 부정적인 감정을 갖고 있다는 표시로, 이런 자세를 취하면서 심각한 표정을 짓거나 머리를 내리거나 올리면 부정적인 느낌이 더 강해졌다고 봐야 한다. 이럴 때 같이 맞서고 싶다면 가슴을 앞으로 내미는 동작을 취하면 된다.

듣고 싶어요

양 어깨를 뒤로 젖히는 동작은 구부정한 자세의 반대 개념이라고 볼 수 있다. 이런 자세를 취하면 가슴이 확실하게 앞으로 나오는데, 이는 마음을 열고 상대의 말을 주의 깊게 경청할 생각이 있

진심은 감추고 본심은 읽어라

다는 신호다. 거리에서 반가운 사람을 만난 사람에게서 이와 같은 자세를 볼 수 있다. 양 어깨를 뒤로 젖히면 열정과 긍정적인 느낌이 드러난다.

두렵다

이 자세는 앞에서도 다뤘는데, 마치 거북이가 외부로부터 위협을 느낄 때 머리를 감

양 어깨 뒤로 젖히기
: 개방, 주의, 관심

추듯 어깨를 들어 올리며 목을 움츠리는 동작이다. 이렇게 어깨를 긴장시켜 목을 보호하는 제스처는 두려움을 느끼거나 나 자신을 보호해야겠다는 생각이 들 때 나온다.

혼자 있고 싶거나 현재의 상황과 거리를 두고 싶을 때도 우리는 어깨에 힘을 주게 된다. 이런 동작을 취하는 사람은 더 이상 대화에 흥미를 느끼지 못하고 있다고 봐야 한다. 어쩌면 너무 부담을 느껴 안색이 바뀌었을지도 모른다. 원래 상태로 돌아오려면 시간이 필요할 것이다. 스트레스를 많이 받았을 때도 이런 자세가 나온다.

물론, 특별한 의도가 없이 그저 슬프거나 추워서 나오는 자세일 수도 있다.

어깨를 들어 올리며 목 움츠리기
: 두려움, 스스로 보호

슬픔은 추위를 느끼게 만드는 감정이다. 슬플 때는 우리 몸에 에너지 순환이 잘 되지 않기 때문이다. 두려움 역시 차가운 감정으로, 소름이 돋게 만든다. 반대로 분노는 뜨거운 감정이다. 이러한 이유로 화가 난 사람의 얼굴이 붉어지는 것이다.

포기할래

처진 어깨 : 항복, 허약함

아래로 힘없이 축 처진 어깨는 항복이나 허약함을 의미한다. 중요한 고객을 놓쳤다는 이야기를 상관에게 보고하는 영업사원이 그 고객을 다시 붙잡을 방법이 없다는 것을 확인하는 순간, 이런 자세가 나온다.

나도 몰라

상대와의 대화에 더 이상 관심이 없음을 알릴 때 사람들은 이런 동작을 취한다. 이 같은 제스처는 무관심이나 불신감의 표현이다. 누군가에게 어려운 임무를 맡아달라고 부탁했는데 상대가 어깨를 으쓱한다면, 당신이 조금 무리한 부탁을 했거나 그가 당신의 제안

진심은 감추고 본심은 읽어라

이나 요구를 받아들일 준비가 되어 있지
않다는 뜻이다.

또 결정을 내리기 싫다는 신호로 볼
수도 있다. 물론 단순히 답을 모른다
는 뜻일 수도 있다. 이때 어깨를 으
쓱하는 건 속상하다는 뜻이다. 듣고
싶지 않은 것에 대한 반응으로 어깨를
으쓱할 때도 있다.

어깨 으쓱하기
: 무관심, 모름, 속상함

더 이상은 못하겠다

앞에서, 두 손을 깍지 끼는 제스처는 좌절을 뜻한다고 설명했다.
하지만 경우에 따라서는 불편한 심기를 감추는 수단이 되기도 한
다. 중요한 인터뷰를 앞두고 있거나 걱정스러
운 일이 있을 때 이런 동작이 나온다. 부정적
인 태도를 숨기는 동작도 된다.

상황에 따라 여러 가지 형태가 가능한
데, 앉은 자세에서 탁자 위에 팔꿈치를 놓
고 팔을 세워 얼굴 앞에서 두 손을 깍지
끼거나, 깍지 낀 손을 탁자 위에 놓을 수
있으며, 서 있을 때는 배 위에 깍지 낀 손

손깍지 : 좌절, 불확실

을 놓기도 한다. 어떤 형태이든 손마디가 하얗게 될 정도로 강하게 깍지를 낄수록, 좌절감이 더 크다는 의미로 볼 수 있다.

양손 비비기
: 빠르면 모두에게 좋고,
느리면 자신에게 좋다

축구 경기에서 동료 선수가 패널티 킥을 차야 하는 순간, 나머지 선수들은 간절한 마음으로 골이 들어가길 바라며 두 손을 비빈다. 자동차 영업사원은 고객이 새로 나온 고급 승용차를 구입하겠다는 결정을 내리는 순간, 두 손을 비빈다.

두 손을 비비는 자세에서 중요한 것은 속도다. 빠르게 비비면 모두에게 흡족할 만한 결과가 나오길 바란다는 뜻이다.

하지만 영업사원이 신형 고급 승용차를 고객에게 판매하게 된 상황은 어떤가? 자동차 판매 수수료가 비싸면 고객에게는 불리하지만, 영업사원에게는 유리하다. 이 경우 영업사원은 아마도 손을 천천히 비빌 것이다. 옛날 영화나 만화에서, 악당들이 사악한 계획을 짤 때 이런 동작을 취하는 것을 본 적이 있지 않은가?

진심은 감추고 본심은 읽어라

참아야지

두 손을 등 뒤로 돌려, 한쪽 손으로 다른 쪽 팔의 손목을 잡는 동작은 좌절했거나 자제하고 있다는 신호다.

보통 손목은 몸 앞에서 잡을 수도 있고 뒤에서 잡을 수도 있다. 앞에서 손목을 잡으면 두 팔로 인해 장벽이 만들어지는데, 뒤에서 잡으면 상대가 볼 수 없기

한쪽 손목 잡기
: 좌절, 자제

때문에 부정적인 느낌은 좀 덜하다. 하지만 손목을 잡은 손에 힘을 준다면 그 사람이 화를 누르고 있다는 증거로 볼 수 있다.

이때 잡힌 손목이 어느 쪽인지도 중요하다. 왼손은 인간의 정서를 담당하는 우뇌와 연결되고, 오른손은 이성을 담당하는 좌뇌와 연결된다. 또 손목을 잡는 손의 위치가 높을수록 그리고 더 세게 잡을수록, 좌절감의 강도가 세어진다. 등 뒤에서 잡을 때는 특히 그렇다.

너무 떨려

손을 아래위로 흔드는 동작은 감정이 격해졌음을 알려주는 분명한 신호다. 두려움을 견디고 있는 것일 수도 있다. 여러 사람 앞

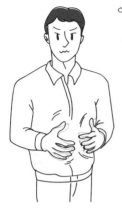

에서 프레젠테이션을 맡은 발표자는 시작하기 전에 초조감을 달래기 위해서 손을 흔든다. 열 띤 토론이나 협상 중에 끓어오르는 화를 억제하려고 이 같은 동작을 하는 사람도 있다.

이런 제스처의 변형 중에는 두 손을 빠르고 어수선하게 움직이는 동작이 있는데, 의미는 대체로 비슷하다. 멋대로 손을 움직이고 있으면 그 사람의 말과 몸이 어긋나고 있다는 인상이 드는데, 다시 말해 초조하다는 신호다.

두 손 흔들기
: 분노 억누르기, 두려움
혹은 초조

호감이에요

인간의 손과 손목은 비언어적 소통에서 중요한 역할을 한다. 대화를 나누고 있는 상대가 손목을 자연스럽게 움직이면 마음을 열어 당신이 하는 말에 관심을 두고 있다는 뜻이므로, 좋은 징조다. 상대가 이야기할 때 손목을 부드럽게 움직일 때는 당신에게 긍정적이고 관심이 있다고 볼 수 있으므로 무리하게 설득할 필요가 없다.

편안한 손목 움직임
: 개방, 관심, 설득

진심은 감추고 본심은 읽어라

누군가를 어루만지거나 신체적으로 민감한 부분을 건드렸을 때, 상대가 당신의 제스처에 대해 다른 부정적인 동작이나 제스처로 맞서지 않고 손목을 편하게 움직인다면, 긍정적인 상황으로 해석할 수 있다.

아, 스트레스!

긴장감 없이 편안하게 손목이 움직이는 동작과 반대되는 것은, 뻣뻣하고 부자연스럽게 움직이는 손동작이다. 이는 상대와 친밀하거나 좋은 관계를 유지하지 못하고 있다는 사실을 암시한다. 또한 긴장과 스트레스의 신호도 되기 때문에, 누군가와 토론을 하고 있는 상황에 자신의 손동작이 뻣뻣해진다면 감정을 자제할 필요가 있다.

뻣뻣한 손
: 긴장, 스트레스

커뮤니케이션 연구자들은 인간의 몸 동작이 유연하지 못하면 경쟁력이 떨어지는 사람으로 취급받게 된다는 결론을 내렸다. 손동작이 뻣뻣하면 두려움이나 분노를 억누르고 있다는 신호일 수도 있다. 이런 동작에 율동이 실리면 해석의 여지가 더 넓어진다.

나 지금 화났다

주먹 불끈 쥐기
: 분노, 공격 욕구

선사시대부터 주먹을 불끈 쥔 자세는 상대에 대한 적대감의 신호였다. 주먹은 공격성이나 분노의 상징으로, 상대를 공격하고 싶은 충동을 억제하고 있다는 뜻으로 해석할 수 있다.

비즈니스 목적으로 사람을 만나는 자리에서 실제로 누군가에게 신체적 폭력을 가할 수는 없지만, 주먹을 불끈 쥠으로써 당신의 감정이 격해졌다는 것을 보여 줄 수는 있을 것이다.

본론부터 이야기하시죠

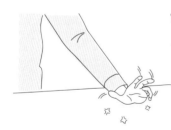

손가락으로 두드리기
: 짜증, 상대 무시

앞에서 이야기했듯, 물건을 만지작거리는 손동작은 타인과의 소통을 어렵게 만든다. 대화를 하는 도중 손가락으로 탁자를 두드리거나 발로 바닥을 두드리면 그 사람이 화가 났다는 뜻으로, 상대의 말에 동의하지 않는다는 표현이다.

진심은 감추고 본심은 읽어라

상대의 말에 관심이 없기 때문에 그가 하는 말을 무시하려는 의도일 수도 있다. 만약 대화의 상대가 이런 행동을 보인다면 그가 짜증을 내거나 관심을 갖지 않는 이유가 무엇인지 확인한 다음, 주제를 바꾸거나 곧장 본론으로 들어가는 것이 좋다.

자신 있습니다

두 발로 바닥을 굳게 딛고 있는 동작은 땅속으로 든든히 내린 나무의 뿌리만큼이나 중요한 의미를 갖는다. 발을 굳건히 디딘 자세에서는 안정감과 자신감이 묻어난다. 초조하거나 불안감을 느끼는 사람들에게서는 이런 자세가 나오지 않는다.

긴장감 없이 안정적인 모습으로 서 있는 자세는 그 사람이 균형감과 침착함을 유지하고 있다는 신호다.

바닥을 굳게 디딘 발
: 확실, 균형

난 두렵지 않아

앉아 있을 때나 서 있을 때나 다리를 넓게 벌려 공간을 많이 차

지하고 있는 사람은 그 공간을 편하게 여기고 있음을 보여주는 신호다. 여유 있고 차분해 보이므로, 당사자뿐 아니라 다른 사람에게도 긍정적으로 작용한다.

이 같은 자세는 또한 자신감의 표현이기도 하다. "나는 두렵지 않아. 나는 강해. 나는 중요한 사람이야." 그렇게 몸으로 말하는 것과 같다.

넓게 벌린 다리나 발
: 긍정적 감정, 자신감

그 정도만 하자

뻣뻣한 손과 마찬가지로 뻣뻣해 보이는 발과 다리 역시 부정적인 신호다. 이는 다른 사람이 하는 이야기에 마음을 열 생각이 없거나 교류를 하지 않겠다는 의미로 볼 수 있다. 이때도 5가지 기본 원칙에 따라 해석해야 하겠지만, 대개 다리와 몸을 경직시킨 사람은 대화에 낄 생각이 없다고 봐도 무방하다.

뻣뻣한 다리와 발 : 거리 유지, 물러남

진심은 감추고 본심은 읽어라

관심 있어요

상대가 팔짱을 끼거나 발을 꼬지 않은 상태에서 자연스럽게 자신의 배와 상체를 당신 쪽으로 향하고 있다면, 좋은 신호로 봐도 좋다. 이는 그가 당신의 말에 관심을 기울이고 있으며 흥미롭게 생각한다는 의미다. 이러한 자세는 긍정적인 감정 표현으로 자신감을 드러내는 동작이기도 하다.

상대에게 향한 상체
: 관심, 긍정적 감정

말하기 싫어

맞은편에 앉은 사람이 당신으로부터 몸을 돌리거나 자세를 자주 바꾸면, 당신과의 대화를 피하고 싶다는 뜻이다. 주제에 대한 관심이 사라져 이야기하고 싶지 않을 때 이런 행동이 나온다. 대화 중에 상대가 이런 행동을 취한다면 무엇이 잘못되었는지 알아내야 한다. 이런 자세는 또한 불편과 두려움을 뜻하기도 한다.

몸을 돌려 자세 바꾸기
: 불편, 접촉이나 대결 회피,
부정적 감정

긴장된다

뻣뻣한 자세로 의자 끝에 살짝 걸터앉아 있는 동작은 마음이 편하지 않다는 증거다. 그런 사람에게는 아마 좀 더 편하게 앉을 수 없는 이유가 있을 것이다. 불안하거나 두려운 일이 있는지도 모른다. 이유야 어떻든 그가 스트레스를 받고 있는 것만은 확실하다. 그렇지 않고서야 편하고 싶어서 앉는 의자에 누가 그렇게 앉겠는가?

의자 끝에 뻣뻣이 앉기
: 불안, 두려움, 긴장

낯설고 불편하다

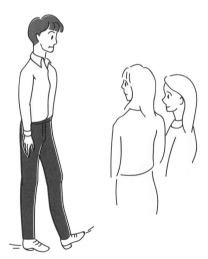

걸을 때 자연스러운 팔 동작 없이 이동하는 것도 마음이 불편하다는 표시다. 아마도 이 장소가 낯설거나 모르는 사람들의 시선이 불편하기 때문일 것이다.

팔 동작 없이 걷기 : 심기 불편

170   진심은 감추고 본심은 읽어라

파티장이나 네트워크 미팅에서 이러한 제스처를 취하는 사람들을 어렵지 않게 볼 수 있다. 그런 모임이 익숙하지 않은 사람은 어쩐지 어색하고 경직된 몸짓으로 여기저기를 기웃거리게 된다.

괜찮아

걸을 때 머리나 팔을 자연스럽게 움직이는 사람은 자신이 있는 장소를 편하게 여긴다고 볼 수 있다. 어떤 장소에서 갑자기 어깨를 움츠렸다 펴는 사람들이 있는데, 그들은 그런 식으로 긴장감과 스트레스를 해소한다. 협상 테이블의 중압감에서 잠시 벗어나 휴식을 취하고자 하는 사람에게서 이 같은 행동을 볼 수 있다.

자연스럽게 걷기
 : 스트레스와 중압감 해소

고개 끄덕이기 — 집중, 동의, 인정, 경청

고개 가로젓기 — 반대, 불만, 놀람, 감정 강조

입에 무언가 넣기 — 불확실, 안정에 대한 욕구

머리카락 만지작거리기 — 수줍음, 불안, 유혹하는 여성

머리 긁적이기 — 오른손으로 긁으면 지식 부족
혹은 도움 요청,
왼손으로 긁으면 불확실

턱 문지르기 — 심사숙고, 불안

입 가리기 — 불확실, 당황, 후회, 두려움

시선 내리기 — 후회, 불확실, 수줍음

구부정한 등 — 동기 부족

양 어깨 뒤로 젖히기 — 개방, 주의, 관심

어깨를 들어 올리며 — 두려움, 스스로 보호
목 움츠리기

처진 어깨 — 항복, 허약함

어깨 으쓱하기 — 무관심, 모름, 속상함

손깍지 — 좌절, 불확실

양손 비비기 —	속도가 빠르면 모두에게 좋고, 느리면 자신에게 좋다
한쪽 손목 잡기 —	좌절, 자제
두 손 흔들기 —	분노 억누르기, 두려움 혹은 초조
편안한 손목 움직임 —	개방, 관심, 설득
뻣뻣한 손 —	긴장, 스트레스
주먹 불끈 쥐기 —	분노, 공격 욕구
손가락으로 두드리기 —	짜증, 상대 무시
바닥을 굳게 디딘 발 —	확실, 균형
넓게 벌린 다리나 발 —	긍정적 감정, 자신감
뻣뻣한 다리와 발 —	거리 유지, 물러남
상대에게 향한 상체 —	관심, 긍정적 감정
몸을 돌려 자세 바꾸기 —	불편, 접촉이나 대결 회피, 부정적 감정
의자 끝에 뻣뻣이 앉기 —	불안, 두려움, 긴장
팔 동작 없이 걷기 —	심기 불편
자연스럽게 걷기 —	스트레스와 중압감 해소

6장

얼굴에 드러난
표정이
말해주는 것들

이 장에서 다룰 내용

- 일상에서 흔히 접할 수 있는 표정 해석법
- 인간의 눈이 알려주는 것들
- 진짜 미소와 가짜 미소

얼굴은 그 사람에 관한 정보를 얻을 수 있는 가장 중요한 출처다. 가장 쉽게 볼 수 있고 가장 자주 볼 수 있으며, 현장에서 가장 원활하게 소통할 수 있는 도구가 바로 얼굴이기 때문이다.

선사시대에는 상대의 얼굴에서 분노를 읽어낼 수 있느냐 없느냐에 생사가 갈렸다. 인간의 표정을 해석하는 능력은 이처럼 중요하다. 진화의 관점에서 보자면, 부정적인 표정이 긍정적인 표정보다 그 가짓수가 훨씬 더 많다.

이번 장에서도 부정적인 의미를 가진 표정에 관해 더 많이 다루게 될 것이다. 관련 지식을 갖추고 있으면 어떤 상황과 사태가 부정적으로 전개된다고 해도, 미리 짐작함으로써 적절히 대응할 수 있을 것이다. 목표는 상대의 얼굴을 잠깐 보고도 얼른 관계를 회복할 수 있는 방법을 알아내는 것이다. 상대의 표정이 밝아 보인다면, 두 사람을 잇는 소통의 끈이 여전히 단단하다는 뜻이기 때문에 굳이 그럴 필요는 없을 것이다.

갓 태어난 아기도 주변에 있는 사물과 인간의 얼굴을 구분할 줄 안다. 연구 결과에 따르면, 태어난 지 하루밖에 안 된 아기의 경우 스스로 미세표정을 짓지는 못해도 다른 사람이 짓는 표정의 차이를 어느 정도 구분할 수 있다고 한다. 태어나는 순간부터 얼굴은 인간의 삶에서 중요한 의미를 갖는 외부 자극인 셈이다.

이번 장에서는 얼굴이 드러내는 정보와 그 정보가 갖는 의미를 알아보겠다. 다음 장에서는 미세표정으로 알려진 특별한 범주의 표정, 즉 기본이 되는 7가지 감정이 드러나는 표정을 검토할 것이다.

 **상호 이해의 기반**

눈 맞춤은 대화에서 매우 중요한 역할을 하는 상호 이해의 기반이다. 사람들과의 첫 교류는 눈을 통해 시작된다. 눈 맞춤에는 신체 언어의 다른 여러 요소들이 수반되는데, 그런 것들이 상대와의 눈 맞춤에 다른 의미를 부가함으로써 상호 교류의 방향을 잡아준다.

어디 한번 해볼까?

누군가를 오랫동안 뚫어지게 응시하면, 그 누구라도 불편할 것이다. 당신 앞에 선 상대가 어깨에 잔뜩 힘을 준 채 당신을 강렬한 눈초리로 바라본다면, 의미는 딱 한 가지밖에 없다. '어디 한번 붙어볼까?' 이처럼 경직된 시선은 상대를 위협한다. 시선을 한 곳에 고정한 상태로 어떤 사람이나 사물을 날카롭게 바라본다면, 비난하거나 부정적인 결정을 내리겠다는 사전 신호로 볼 수 있다.

뚫어지게 응시하는 것은 상대의 프라이버시를 침해하는 행위이기도 하다. 남성이 다소 떨어진 거리에서 한 여성을 뚫어지게 본다면, 그녀에게 끌린다는 의미다. 다만 여성이 그 남성에게 매력을 느끼지 못한다면 그런 시선을 불편하게 여길 것이다. 그런데도 그 남성이 그녀를 계속 쳐다본다면 오히려 말을 걸어볼 기회까지 놓치게 될 가능성이 크다.

사실, 여성이 남성에게 마음이 끌릴 때는 오랫동안 뚫어지게 보

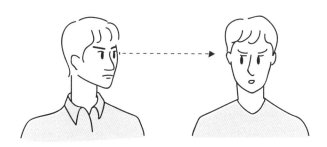

응시 : 대결 욕구, 이성에 대한 관심

지 않고, 여러 차례 흘끔거린다. 여성이 두 명의 남성과 이야기를 나누면서 그중 한 사람에게 더 끌린다면, 대화 도중에 그 사람을 더 자주 바라볼 것이다. 또한 사랑하는 연인끼리는 애정 어린 시선을 즐기므로 서로 자주 눈을 맞춘다.

감추고 싶은 게 있어요

시선 회피
: 불확실, 수줍음, 숨기는 것이 있음

대화를 하면서 상대의 눈을 잘 보지 않으면, 말에 진정성이 없거나 무언가를 숨기고 있다는 인상을 준다. 시선을 마주치지 않는 건 사람들과의 접촉을 편안하게 여기지 않는다는 뜻이기도 하다. 그렇다면 그 이유를 알아내야 한다.

대화를 나누면서 자연스럽게 눈을 마주치던 상대가 갑자기 눈을 피했다면, 더 중요한 의미가 있을 수 있다. 이런 상황에서는 1장에서 설명한 해석의 5가지 기본 원칙을 적용해봐야 한다.

수줍거나 불안해서 눈을 피하는 경우도 있다. 예외가 아주 없지는 않지만, 중동 지역에서는 비즈니스 관련 대화라도 남녀 간에는 시선을 마주치지 않는 것이 원칙이다. 해당 문화권의 여성과 사업 관련 이야기를 나누는데 그녀가 자신이 아라비아 출신이라는 말을

진심은 감추고 본심은 읽어라

하지 않는다면, 시선을 피하는 행동이 이상하고 불쾌하게 여겨질 수도 있다. 따라서 상대의 행동만으로 판단하기 전에, 그 배경이나 이유에 대해 알아볼 필요가 있다.

시선이 머무는 곳

서구 문화권의 비즈니스 미팅에서는 보통 대화를 하는 60~80% 시간 동안 상대와 눈을 맞추는데, 시선이 멈추는 시간은 지위에 따라 달라진다. 대화에 참여하는 사람이 여럿일 경우, 사람들의 시선이 가장 많이 향하는 곳은 권위와 결정권을 가진 가장 높은 지위의 사람일 가능성이 크다.

아무래도 협상 시에는 어떤 말을 하거나 제안을 하기 전에, 결정권을 쥔 사람을 먼저 바라보게 된다. 이러한 상황에서 의도적으로 눈을 맞추는 행위는 승인에 대한 비언어적인 요청으로, 발언권을 요청하는 의미와 비슷하다. 이처럼 사람들의 시선의 향방을 주의 깊게 살펴보면, 협상을 성공적으로 이끌기 위해 가장 먼저 설득해야 할 사람이 누구인지 금방 알아낼 수 있다.

**"사람들의 시선을 살펴보면,
가장 공들여 설득해야 할 사람이 누구인지 알 수 있다."**

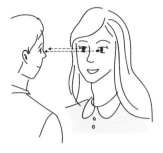

적당한 길이의 눈 맞춤
: 신뢰

다만 대화 도중에 상대의 눈이나 얼굴이 아닌 노트북이나 메모장을 더 자주 본다면, 접촉의 강도가 떨어져 상대를 무시한다는 부정적인 인상을 주게 된다. 따라서 중요한 것은 적절한 타이밍과 적절한 길이로 눈을 맞추는 것이다. 시의적절하고 적당한 눈 맞춤이 신용과 신뢰감을 높여 상대에게 긍정적인 인상을 줄 수 있기 때문이다.

상대의 눈을 똑바로 바라보는 것은 일반적으로 진정성과 정직함의 징표로 여겨진다. 그러나 거짓말에 능숙한 사람도 자신의 말을 진짜처럼 보이게 하려고 상대의 눈을 의도적으로 똑바로 보기도 한다. 하지만 더욱 자세히 살펴보면, 이런 사람이 하는 말과 신체언어가 자주 어긋난다는 것을 알아챌 수 있을 것이다.

**"누군가가 거짓말을 하는 것 같다면,
그의 몸짓을 유심히 살펴라."**

 좋아하는 걸까, 싫어하는 걸까

시카고대학교의 심리학 교수 에커드 헤스Eckhard Hess는 최초로

진심은 감추고 본심은 읽어라

눈동자의 움직임을 연구하여 자극의 강도에 따라 동공의 크기가 달라진다는 사실을 밝혀냈다.

일반적으로 인간의 동공은 긍정적인 감정을 유발하는 대상을 볼 때 더 커진다. 헤스 교수는 남성이든 여성이든 이성의 벗은 모습이 담긴 사진을 보여주었을 때 평소보다 동공이 더 커진다는 사실에 주목했다. 다만 여성은 아기 사진을 보여줄 때 동공이 가장 커진 반면, 남성은 매력적인 여성의 사진을 볼 때 동공이 가장 커졌다.

인간의 동공은 일반적으로 기분 좋은 사진을 볼 때 커지고, 비호감 정치인이나 전쟁 사진 같은 불쾌한 이미지에는 작아진다. 시각적인 자극뿐 아니라 듣기 좋은 음악이나 그렇지 않은 음악 같은 청각적 자극에도 같은 현상이 나타난다. 헤스 교수는 동공 크기의 변화가 문제를 해결하는 두뇌 활동과 밀접한 관련이 있다고 결론 내렸다. 동공이 가장 커질 때는 문제가 해결되었을 때다.

좋다

좋아하는 사람을 보면, 우리의 동공은 커진다. 좋은 물건을 받거나 볼 때도 마찬가지다. 흥미나 사랑이나 동정 등 긍정적 감정을 경험할 때 인간의 동공은 커진다. 좋아하는 것에 대해 열

커지는 동공
: 관심, 긍정적 감정, 두려움

심히 생각할 때도 마찬가지다. 동공이 커지는 현상은 긍정적인 경험과 관계가 있기 때문이다.

실제로 눈이 큰 사람들은 동공의 크기 역시 크게 보이므로 좀 더 매력적이고 공감을 잘해주는 사람으로 비친다. 화장품이나 향수 광고 사진에 나오는 여성 모델의 동공을 디지털로 더 크게 보정하는 것도 그 때문이다. 다만, 한 가지 예외가 있다. 엄청난 공포의 순간에도 동공은 아주 크게 바뀐다. 이때 동공은 보통 때보다 4배 정도 커지거나 작아진다.

작아지는 동공
: 관심 부족, 부정적 감정

누군가가 타인에게 보이는 관심이 진심인지 아닌지 알 수 있는 방법이 하나 있다. 그 사람의 동공을 확인하는 것이다. 보통 관심이 없고 상대에 대한 감정이 부정적일 때는 동공이 작아지기 때문이다.

자신이 평소에 관심도 없고 별로 좋아하지 않는 사람에게 구애받았거나 그런 사람과 마주쳤을 때, 동공은 작아진다. 단, 빛의 양과 각도가 일정하다는 전제에서만 정확한 평가를 할 수 있다. 빛의 양과 각도에 따라 동공은 저절로 커지거나 작아지기 때문이다. 따

진심은 감추고 본심은 읽어라

라서 당신에 대한 상대의 진심을 알고 싶다면, 상대의 평소 눈동자와 동공의 크기를 잘 알고 있을 필요가 있다. 그래야 제대로 된 비교를 할 수 있다.

실용 가치 없는 동공 변화

동공의 크기 변화에 대한 헤스 교수의 연구가 나온 뒤 많은 후속 연구들이 이어졌지만, 결론은 대부분 같았다. 우리 역시 다양한 가정을 일으키는 사진과 강력한 줌 렌즈를 사용해 사람들의 표정 속에서 드러나는 신체반응과 동공의 크기 변화를 알 수 있는 실험을 실시했다.

우리가 얻어낸 결과 역시 앞선 대다수의 연구 결과와 일치했다. 즉 비교적 강력한 긍정 또는 부정적 자극을 주었을 때, 인간의 동공 크기는 약 10% 정도 변화를 보였다. 이 수치는 기존의 연구 결과에서는 발견하지 못했던 중요한 요소다. 이것이 중요한 건, 10%라고 해봐야 사실상 0.5mm 미만의 작은 변화를 의미하기 때문이다. 다시 말해, 아무리 강력한 자극이 있어도 대화를 나누는 정상적인 거리에서 맨눈으로 상대의 그 정도의 변화를 알아채기 어렵다는 것이다.

그러니 비즈니스 협상 같은 중요한 미팅에서 무언가를 알아낼 필요가 있다면, 상대의 눈동자를 뚫어지게 보기보다 다른 신체언어를 살피는 편이 나을 것이다.

눈과 눈꺼풀

　많은 사람이 간과하고 있는 건 인간의 눈과 눈꺼풀이 의사소통에서 매우 주도적인 역할을 한다는 사실이다. 눈의 동작만 잘 살펴봐도 상대를 분석하는 데 필요한 다양한 정보를 충분히 얻을 수 있다. 실제로 인도 남부 케랄라 주의 전통춤은 눈과 손의 동작만으로 이야기를 전달하고, 아라비아와 페르시아 그리고 터키 문화에서도 눈의 동작을 대단히 중시한다. 도움이 될 만한 몇 가지 해석을 소개하겠다.

어머!

　대화를 나누고 있던 상대가 갑자기 눈꺼풀을 크게 치뜨면 놀랐다는 신호다. 같은 동작을 좀 더 과장하여 더 오래 취한다면 두려워하고 있다는 의미로도 볼 수 있다. 두 경우 모두 눈썹을 올린다는 점에서는 비슷하지만, 놀랐을 때는 그 긴장이 눈썹에 드러나는 데 반해, 두려움을 느낄 때는 그 긴장이 이마에까지 확연히 드러난다는 점에서 차이가 있다.

치뜬 눈꺼풀 : 놀람, 두려움

　　　　　　　진심은 감추고 본심은 읽어라

은밀한 결정

여러 사람이 함께 있는 상황에서, 다른 사람이 눈치채지 못하는 사이 두 사람의 표정이 동시에 빠르게 바뀐다면, 그들이 논의 중인 주제에 대한 정보나 의견을 눈짓으로 은밀히 나누었을 가능성이 크다.

빠른 눈빛 교환 : 정보 교환

정말 싫다

누군가를 바라보고 있는 사람이 눈을 가늘게 뜨고 미간을 찌푸리고 있다면, 불쾌감이나 우월감, 경멸감을 느끼고 있다는 신호다. 그는 잔뜩 화가 난 것이다.

다만, 어떤 일에 집중하거나 대상이 확실히 보이지 않을 때도 이런 표정이 나올

가늘게 뜬 눈, 찌푸린 미간
: 불쾌감, 우월감, 경멸감

수 있으니, 다른 신체언어와 상황을 함께 감안해 판단해야 한다.

헤이, 여기 좀 봐요

누가 당신에게 윙크를 하거나 계속 바라본
다면, 대개는 그 사람이 당신에게 관심이 있
으며 이를 알리고 싶어 한다고 해석할 수
있다. 때론, 당신에게 어떤 긍정적인 것을
확인해주려고 할 때나 부정적인 사안에 대
해 경고할 때도 그런 제스처를 취할 수 있다.

윙크 : 관심 유도, 경고

알았어!

누군가가 어떤 사람을 향해 두 눈을 짧게 감았다가 빨리 뜬다
면, 특정 사안에 대해 확인했음을 알리거나 승인한다는 표시다. 이
는 머리를 끄덕이는 동작의 변형이다.

긍정적이고 빠른 눈 깜박임 : 확인, 동의

진심은 감추고 본심은 읽어라

글쎄요……

머리를 약간 옆으로 돌리면서, 상대를 곁눈으로 보는 것은 의혹, 주저, 불신, 반대의 신호다. 다만 구분이 쉽지 않아 조금 헷갈릴 수도 있지만, 곁눈질을 하면서 눈썹을 약간 치뜨거나 옅은 미소를 지으면 상대에 대한 관심의 표시다. 미간을 찌푸리거나 입가가 내려간다면, 적의나 부정적인 의도로 볼 수 있다.

곁눈질
: 의혹, 주저, 불신, 반대

잠시만 생각해볼게요

눈을 가늘게 뜨는 행위에는 여러 가지 의미가 담겨 있다. 일반적으로 널리 알려진 지식이 아니라, 이미 알고 있는 주제에 대해 좀 더 상세한 내용을 요구할 때도 보통 눈을 가늘게 뜬다. 어떤 특정한 사물에 매우 집중할 때도 눈이 가늘어지는데, 피사체에 대한 초점의 범위를 좁힐 때 카메라의 줌 렌즈를 조이는 것과 같은 원리라고 보면 된다.

대화를 나누던 상대가 눈을 가늘게 떴다면 두 가지 중 하나일 가능성이 크다. 이해하지 못한 어떤 내용에 관해 구체적인 질문을 하겠다는 예비 동작이거나, 아니면 이미 말한 내용이나 앞으로 말하려는 사안에 대해 좀 더 골똘히 생각하고 있다는 암시. 만약 후자의 경우라면 다른 반응을 할 필요가 없으며, 그저 상대의 눈에 긴장이 풀리기를 기다리면 된다. 그러면 머잖아 상대가 생각을 멈추고 계속 대화를 이어갈 것이다.

가늘게 뜬 눈
: 보다 자세한 정보 요청, 집중, 분노

협상 중이거나 인터뷰 중에 상대가 이런 표정을 자주 짓는다고 해도 오해하지 않도록 주의하라. 당신의 제안을 좀 더 따져보기 위해 더 자세한 내용이 필요하다는 뜻일 수도 있고, 단지 그런 표정을 짓는 것이 그 사람의 습관일 수도 있기 때문이다.

특별한 의도가 없는 상황에서 눈을 가늘게 뜬다면, 가까이 하기 어려운 사람이라는 인상을 줄 수 있으니 주의가 필요하다. 눈을 가늘게 뜨는 동작이 0.5초 이상 지속되지 않는다면, 화가 났을 때 나타나는 미세표정 중 하나일 수 있다. 이들 중 어떤 해석이 정확한지 알려면 5가지 기본 원칙을 적용해봐야 한다.

딴생각 중

눈을 깜빡이는 건, 눈을 촉촉하고 깨끗하게 유지시키는 인간 신체의 기본 기능이다. 보통 인간은 평소 1분에 6~8번 정도 눈을 깜빡이고, 한 번 깜빡일 때 눈꺼풀을 10분의 1초 정도 닫는다.

두 눈을 깜빡임
: 딴생각, 골똘히 생각한 후 보충

캐나다 워털루대학교의 신경학자 대니얼 스밀렉Daniel Smilek 교수에 따르면, 집중하지 않고 딴생각을 하는 사람이 일반적인 사람에 비해 눈을 더 자주 깜빡인다고 한다. 눈을 깜빡이면서 주변에서 일어나는 일로부터 자신을 더욱 격리시킨다는 것이다.

거짓말을 할 때 눈을 더 자주 깜빡거린다는 이야기는 사실일까? 전혀 아니다. 영국 포츠머스대학교의 샤론 릴Sharon Leal 박사는 오히려 사람이 거짓말을 할 때는 눈을 덜 깜빡인다는 사실을 밝혀냈다. 두뇌가 거짓말을 꾸며내기 위해 다른 데 에너지를 쓰지 않고 더욱 열심히 일하기 때문이라는 것이다. 다만 거짓말을 한 뒤 긴장의 수위가 떨어지고 나면, 평소보다 더 자주 눈을 깜빡임으로써 줄어든 횟수를 보충한다고 한다.

"거짓말을 할 때
눈을 더 자주 깜빡인다는 주장은
근거 없는 속설이다."

하고 싶지 않아

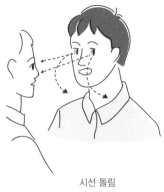

시선 돌림
: 숨기는 것이 있음, 거리 두기

중립적이거나 유쾌한 이야기를 나누는 상황에서, 상대의 얼굴 근육이 갑자기 긴장되는 등 무언가 잘못되었다는 표정이 나올 때가 있다. 이때 그는 자신의 생각에 더 분명하게 집중하기 위해 갑자기 시선을 돌릴 것이다. 대화 중 무언가가 떠올랐다는 사실을 드러내기 싫어서일지도 모른다. 어쨌든 잠깐 생각을 정리할 시간이 필요하고, 그러기 위해 그 사람은 시선을 돌려 일시적으로 소통을 단절시킨다. 상대에게 이런 모습이 보일 때는 그 단절이 얼마나 지속되는지 살펴볼 필요가 있다. 그 사람이 잠시 뒤 다시 눈을 마주친다면, 당신의 말에 다시 집중한다는 의미다. 하지만 단절이 길게 지속된다면 더 이상은 당신의 말을 듣지 않겠다는 뜻이므로 대화가 겉돌게 될 확률이 높다.

1985년 인간의 시선이 매력에 미치는 영향에 관해 연구해온 주디 버군과 발레리 마누소프Valerie Manusov, 파울 미네오Paul Mineo와 제럴드 L. 헤일Jerold L. Hale 등은 상대의 질문에 답하기 전에 시선을 피하거나 대화 도중 눈을 잘 마주치지 않으면 유능하지 못한 사람으로 간주될 가능성이 크다고 경고했다. 매사에 자신이 없고 주눅

진심은 감추고 본심은 읽어라

이 들어 있는 사람은 타인과 거의 눈을 마주치지 않는다는 것이다.

의견을 내고 싶지 않거나 일하기 싫을 때, 사람들은 대개 눈을 피한다. 필요한 정보가 계속 주어진다고 해도 시선을 피함으로써 그것을 무시하려고 한다. 맞서고 싶지 않을 때도 눈을 피한다. 이런 상황에서는 상대의 신체언어가 어떻게 나오는지 살펴야만 제대로 대응할 수 있다.

눈의 움직임과 거짓말

눈동자의 방향을 보면, 상대가 거짓말을 하는지 아닌지를 알 수 있다고 한다. 이런 속설은 존 그린더John Grinder와 리처드 밴들러Richard Bandler가 개발한 신경언어 프로그래밍 NLPNeuro-Linguistic Programming와 관련이 있다. 그러나 NLP 개발자들은 당초 연구 결과에 이런 내용을 포함시키지 않았다. 눈의 동작만 따라 가도 그 사람이 거짓말을 하는지 아닌지를 알 수 있다는 주장을 입증할 만한 충분한 자료가 없었기 때문이다. 물론 그렇지 않다는 것을 입증할 방법도 마땅치 않았다.

눈의 움직임에 관한 이론은 원래 NLP 모델로만 언급되었을 뿐인데, 과학과 전혀 관련이 없는 매체들이 그러한 속설을 확산시킨 것이다. 기존의 연구 결과를 왜곡시킨 해석이 들불처럼 번졌음에도, 이와 같은 이론을 입증하거나 반증할 만한 증거는 사실상 많지 않다.

여기!

눈썹 올리기 : 놀람, 인사

상대가 눈썹을 바짝 치켜올리고 있을 때는 5가지 기본 원칙을 적용해서 해석해야 그 진정한 의미를 파악할 수 있다. 상황이나 타이밍에 따라, 이는 대단히 이례적이거나 믿어지지 않는 말을 듣고 놀랐을 때 나오는 표정일 수 있고, 이런 표정이 길게 지속된다면 의외라기보다는 망연자실한 기분의 의도적인 표현으로 볼 수도 있기 때문이다. 또 경우에 따라, 경탄의 신호도 된다. 동료가 아주 세련되고 멋진 신형 차를 몰고 나타난 순간, 이와 같은 표정이 나온다.

사람들은 일반적인 대화에서 하고 싶은 말을 강조하기 위해 눈썹을 사용하지만, 이에 대한 해석은 좀 복잡하다. 따라서 대수롭지 않은 상황에서는 눈썹을 많이 움직이지 않는 편이 좋다. 그래야 큰 문제가 생겼을 때 상대가 예외적인 눈썹의 움직임을 정확히 알아챌 수 있다.

선사시대에는 어느 정도 거리를 둔 상태에서 상대와 아는 척을 할 때 눈썹을 잠깐 치켜올려 인사를 대신했다. 요즘에는 상대의 주의를 잠깐 끌어야 할 때 눈썹을 치켜올린다. 남녀 관계에서는 성적 의도를 드러내는 표현일 수도 있다. 모르는 사람을 향해 눈썹을 치켜올리면 상대는 자신이 아는 사람인가 생각할 수 있다. 어찌 됐든

진심은 감추고 본심은 읽어라

그렇게 되면 상대도 마음이 한결 편해질 것이다. 네트워크 미팅에서도 같은 용도로 활용할 수 있는데, 특히 미소를 곁들인다면 새로운 사람과 교분을 맺는 데도 도움이 된다. 펜실베이니아주립대학교 마크 냅 교수도 대화를 시작할 때는 이런 제스처가 큰 도움이 된다고 말한 바 있다.

진짜야?

어느 쪽이든 한쪽 눈썹만 들어 올리는 것은 불신의 신호다. 한쪽 눈썹을 올리면 자연스럽게 다른 쪽 눈썹이 살짝 내려오게 되는데, 눈썹이 올라갈 때 읽을 수 있는 놀람의 표시와 눈썹이 내려올 때 읽히는 부정적 평가가 뒤섞이게 된다.

한쪽 눈썹 들어 올리기
: 불신

당신이 무언가에 대해 설명하는데 상대의 얼굴에 이런 동작이 드러난다면, 논지를 조정하거나 당신의 주장을 뒷받침할 만한 추가적 설명을 보태는 것이 좋다. 그 사람에게 놀란 이유가 무엇인지 직접 물어보는 것도 방법이다. 그렇게 하지 않으면 나중에 부정적인 반응이 나올 가능성이 크기 때문이다. 물론 늘 그렇듯, 상대 표정에 대한 최종 해석을 내리기 전, 5가지 기본 원칙을 적용하는 것을 잊지 말자. 특별한 이유 없이 이런 표정을 자주 짓는 사람도 있으니 말이다. 종종 이런 표정을 짓는 사람은 강인하고 비판적이라는 인상을 갖게 되지만, 실제로는 그렇지 않을 수도 있다.

> **"치켜올린 눈썹을 무시하면,
> 나중에 문제가 생길 수 있다."**

불쾌합니다만

미간 찌푸리기
: 불만, 분노, 불쾌한 놀람

상대가 미간을 찌푸려 코 위에 두 개의 수직선을 만들었다면, 불만족이나 분노 혹은 불쾌한 놀람의 표현일 수 있다. 이런 동작이 짧게 끝나면 단순히 어떤 감정이 스쳐지나갔다는 뜻이지만, 어느 정도 지속된다면 불쾌감을 당신에게 알리려는 의도일 가능성이 크다. 어떤 사람은 자신의 실제 속마음보다 더 엄격하게 보이기 위해 일부러 이런 표정을 짓기도 한다.

1980년 다양한 기업의 인터뷰 현장을 조사한 결과, 지원자들의 능력이나 다른 요인과 상관없이, 면접관의 눈살을 찌푸리게 만든 지원자가 웃게 만든 지원자에 비해 탈락할 가능성이 크다는 사실

진심은 감추고 본심은 읽어라

이 밝혀졌다. 그러니 상대가 별다른 이유 없이 자주 눈살을 찌푸린다면 조심해야 한다. 당신에게 기분 나쁜 인상을 받았을지도 모르니까!

말 안 할래

어떤 상황에서 누군가가 0.5초도 안 되는 짧은 순간 입술을 오므린다면, 분노나 슬픔을 억제하는 미세표정일지 모른다. 어떤 사안에 대해 인정할 생각이 별로 없다는 신호일 수도 있다. 제안이 자신의 기대에 미치지 못한다는 신호도 된다. 사람들은 상대의 저항이나 비판을 받아들일 준비가 되어 있다는 걸 보여줄 때도 입술을 오므린다.

오므린 입술은 정보를 공유할 생각이 없다는 의미이기도 하다. 상대가 이런 표정을 지어서 말을 하지 않겠다는 의지를 드러낸다면, 대화로는 정보를 얻기가 쉽지 않을 것이다. 그럴 때는 다른 신체언어를 통해 필요한 정보를 알아내야 한다. 그것이 우리가 활용하고 있는 '블링크 대화 기법BLINK Conversation Technique'인데, 이에 대해서는 8장에서 자세히 설명하겠다.

오므린 입술
: 부인, 말하고 싶지 않음

🌩 진짜 미소와 가짜 미소

마음에서 우러나오는 미소를 지을 때, 우리는 두 종류의 근육을 동시에 수축시킨다. '눈둘레근orbicularis oculi'과 '입주위근육zygomatic major'이다. 인간은 태어난 이후부터 신체언어의 신호를 알아차리는 법을 배우기 시작한다. 아기는 엄마의 미소를 보고 자신의 배고픔을 기분 좋게 해결할 수 있다고 생각한다. 이러한 신호에서 연상되는 긍정적 의미 때문에 미소는 일반적으로 새로운 사람과 만날 때 하나의 의례처럼 사용된다.

누군가와 처음 만났을 때 상대의 미소를 자세히 살펴보면, 그가 당신에게 어떤 느낌을 갖는지 엿볼 수 있다. 예를 들어, 그 사람이 짓는 미소가 진짜가 아니라면 잔뜩 힘이 들어간 입술 사이로 치아가 보일 것이다. 이는 우월감의 표현일 수 있다. "날 보라고! 내 이 보이지? 당신을 물어버릴지도 몰라!" 미소는 꽤 큰 규모의 무기고를 가지고 있어서, 불만을 나타내는 신호부터 행복이나 적의 혹은 유쾌한 놀람까지 다양한 무기를 보유하고 있다.

진짜 행복과 가짜 행복의 차이는 눈으로 쉽게 구분할 수 있다. 프랑스의 신경생리학자 기욤 뒤셴Guillaume Duchenne은 1862년에 발표한 책에서, 진짜 행복할 때는 인간의 눈둘레근이 수축된다고 썼다. 즉 눈썹 바깥쪽과 눈 사이에 있는 피부가 약간 아래쪽으로 당겨지면서 늘어나고, 눈썹 자체는 약간 찌푸려진다. 그 결과 상대가 이런 표정을 지을 때(그 사람이 보톡스를 맞지 않은 이상) 그 사람의 눈

진심은 감추고 본심은 읽어라

눈둘레근의 수축(눈꼬리가
길어지고 눈살이 찌푸려짐)
: 진짜 미소

눈의 움직임 없이 입만 웃음
: 가짜 미소

주변에 주름살이 많아지는 걸 볼 수 있을 것이다. 그러나 눈 주변에 주름살이 많아지는 것만으로 진짜 미소라고 단정할 수는 없다. 원래 눈 주름이 많은 사람일 수도 있고, 굳이 눈둘레근을 수축시키지 않아도 입주위근육을 수축하는 것만으로 기분 좋아 보이게 만들 수 있기 때문이다.

1862년부터 학자들은 후속 연구를 통해 뒤센의 진짜 미소 가설을 재확인했다. 그들은 인간이 진짜 미소를 지을 때는 왼쪽 전전두엽피질에서 알파 활동alpha-activity(눈을 감고 느긋하게 쉴 때 나타나는 뇌파-옮긴이)이 나타나며, 눈둘레근이 수축된다는 사실도 입증했다. 그러나 2009년 이후로 많은 학자들이 이들의 주장에 대해 의구심을 갖기 시작했다. 실제로 어떤 실험 연구에서 피실험자들에게 진짜 미소를 짓는 사람의 사진을 보여준 다음 똑같이 흉내내보라고 하자, 70%에 이르는 사람들이 마음에도 없는 미소를 그럴 듯하게 지어보였다. 안타까운 건, 부정적인 상황에서 나오는 가짜 미소를 분석한 연구는 아직까지 없었다는 것이다.

따라서 좀 더 결정적인 연구가 나올 때까지는 눈이 수축되는 방식을 통해 가짜 미소를 알아차릴 수 있다는 의견을 유지할 수밖에 없다. 진짜 즐거운 일이 없는데도 상대가 눈둘레근을 의식하면서 일부러 수축시킨다면, 어딘가 꾸민 것처럼 어색하고 긴장했다는 걸 눈치챌 수 있을 것이다. 눈둘레근 안와부 근육은 수축되지만 눈둘레근 눈꺼풀 근육은 오히려 긴장이 풀리는 걸 확인할 수도 있다.

진짜와 가짜를 알아차릴 만한 또 한 가지 단서가 있다. 연구 결과에 따르면, 가짜 미소는 얼굴의 한쪽에서 더 과장된다. 진짜 행복할 때는 좌우 두뇌가 똑같은 신호를 보내는 반면, 가짜로 행복할 때는 표정과 관련된 우뇌가 몸의 왼쪽에 의식적으로 신호를 보낸다. 따라서 얼굴의 왼쪽에서 거짓 감정이 드러날 가능성이 크다. 저절로 일어나는 무의식적인 감정 경험은 양쪽 두뇌에서 대칭적으로 작용한다는 걸 기억하자.

그럼에도 진짜 미소와 가짜 미소를 확실히 구분하고 싶다면 해석의 5가지 기본 원칙을 적용하여 비교하는 걸 잊지 말아야 한다. 보통 때도 비대칭적으로 미소를 짓는 사람이 있기 때문이다.

 **눈과 설득의 힘**

인간의 눈에는 타인과의 소통 의지가 드러나므로, 인간관계에서

진심은 감추고 본심은 읽어라

매우 중요한 역할을 담당한다. 1976년 '상호 응시'에 관한 책을 집 필한 마이클 아가일Michael Argyle과 마크 쿡Mark Cook은 누군가를 본 다는 것은 어떤 의미를 전달하는 행위라고 강조했다. 본다는 것은 두 사람이 서로 연관을 맺고 있다는 사실을 알려주는 행위다. 눈과 눈의 움직임은 두 사람이 서로를 주시한다는 신호로, 상호 관심의 정도를 반영한다.

또 다른 연구에 따르면, 눈은 관계 내에서 상대적 힘의 분배 변 화에 중요한 역할을 한다. 설득력 있는 언어로 상대에게 신뢰감을 주려면 자신이 말을 하거나 누군가의 말을 들을 때 눈을 바라보아 야 한다. 둘 사이에 신뢰감을 유지하려면 '무언가를 탐색하는' 듯한 모습을 보이지 말아야 하고, 시선을 내리거나 자꾸 상대의 눈을 피 하는 일도 가급적 삼가야 한다. 눈을 자주 깜빡이거나 눈꺼풀을 많 이 움직이는 것도 좋은 행동은 아니다.

비언어에 관해 오랫동안 연구해온 클라인 커크Kleine Kerk 박사도 1986년에 발표한 눈의 움직임에 관한 논문에서, 신뢰감과 설득력 에 미치는 눈 맞춤의 영향력에 관해 설명했다. 사람들은 대개 눈을 똑바로 바라보는 사람을 잘 믿는 반면, 자꾸 눈을 피하는 사람을 거짓말쟁이로 단정하는 '고정관념'을 갖고 있고, 실제 이를 뒷받침 하는 실증적 연구가 많다고 그는 강조했다. 법정에서 반대 심문을 하는 변호사의 시선을 피하는 증인의 말에는 신빙성이 없다. 공항 에서 보안요원을 똑바로 바라보지 못하면 제지받고 검색당하게 될 가능성이 크다.

1987년 이뤄진 연구에서도 상대와 이야기하면서 눈을 피하지 않으면 설득을 하기 훨씬 쉬워진다는 사실이 확인됐다. 말을 할 때 상대의 눈을 들여다보면 정직하다는 인상을 주는 반면, 시선을 자꾸 돌리는 사람의 메시지는 어딘가 의심쩍고 성실해 보이지 않기 때문이다. 사회적 관계에서 직접적인 눈 맞춤이 신용의 상징으로 해석된다는 논문도 있다. 신뢰가 깔리면 보다 효과적으로 소통할 수 있는 것이다.

이처럼 우리의 눈은 인간관계를 형성하고 유지하거나 심지어 단절시키는 데 매우 중요한 역할을 감당한다. 눈 맞춤의 유형에 따라 두 사람의 관계가 정해지는데, 그들의 관계가 앞으로 어떻게 발전할 것인지 미리 알 수 있는 단서로서도 눈 맞춤 정도를 확인할 수 있다. 눈 맞춤은 상대에 대한 관심을 드러내는 데 유용한 도구이며, 서로의 의도를 짐작할 수 있는 단서가 되는 셈이다. 무엇보다 인간의 몸으로 표현할 수 있는 다른 어떤 제스처나 비언어적 신호보다 훨씬 더 친밀한 느낌을 전달할 수 있는 도구이다.

1986년 듀크대학교 임상심리학과 퍼트리샤 웨빙크Patricia Webbink 교수는 논문을 통해, 인간의 눈 맞춤은 신체의 다른 부분이 표현할 수 있는 언어보다 훨씬 더 많은 것을 드러내며, 두 사람의 마음을 솔직하게 열어준다고 말했다. 일반적으로 눈을 맞추는 시간이 길수록 친밀감은 더욱 강해진다. 상대가 눈을 맞출 때 같이 맞추면 서로 함께하고 있다는 느낌이 강화되기 때문이다.

타인과 눈으로 주고받는 정보도 매우 중요하게 살표볼 필요가

진심은 감추고 본심은 읽어라

있다. 이런 정보가 일치하지 않는 메시지를 해독하고 해석하는 데 중요한 단서가 되기 때문이다. 이어진 여러 후속 연구들 또한 다양한 비언어적 신체언어를 해석할 때 가장 중요한 것은 '눈 맞춤'이라는 것에 동의한다. 사람들 사이에서 오고가는 어떤 메시지의 정서적 내용을 평가할 때는 얼굴의 표정도 참고해야 하지만, 눈 맞춤이 가장 중요하다는 것이다. 만약 누군가의 눈과 하는 말의 내용이 정서적으로 상반된 정보를 전달한다면, 둘 중 더 신뢰할 수 있는 출처는 눈이 보내는 신호라는 걸 명심하자.

눈 맞춤에 관한 연구들은 캘리포니아대학교 심리학 명예교수 앨버트 메라비언Albert Mehrabian이 처음 발표한 결과를 재확인하는 작업이었다. 그는 의사소통에서 말로 표현되는 부분은 7%에 불과한 반면, 약 55%는 신체언어로 전달된다고 주장했다. 정확한 수치는 메라비언 자신과 여러 학자에 의해 나중에 수정되었지만, 우리가 보내는 메시지의 대부분이 신체언어로 전달된다는 사실에는 아무도 이견을 달지 않았다.

이런 사실은 이후 이어진 실험에서 여러 번 확인됐다. 실험에 참가한 사람들은 메시지의 진실성을 평가하는 데 다른 모든 채널보다 시각적 채널을 통해 받은 정보를 더욱 신뢰한다고 답했다. 다시 말해, 어떤 사람이 한 말과 보인 신체언어 중 해석의 단서로 하나를 선택해야 한다면 언제나 신체언어를 택해야 한다.

알코올이 소근에 미치는 영향

스위스의 빌리발트 루크Willibald Ruch 교수는 1990년부터 1996년 사이에 유머와 인간의 정서를 집중적으로 연구했다. 그는 알코올이 인간의 신체언어, 특히 소근laughing muscle에 어떤 영향을 미치는지도 연구했다. 흔히들 사람이 술에 취하면 더 많이 웃게 된다고들 생각하는데, 이는 어느 정도까지는 맞는 이야기다. 하지만 루크 교수는 여러 연구를 통해, 술에 과하게 취하면 외향적인 사람이라고 해도 좀처럼 즐거운 표정을 짓지 못하게 된다는 사실을 입증해보였다.

진심은 감추고 본심은 읽어라

응시	대결 욕구, 이성에 대한 관심
시선 회피	불확실, 수줍음, 숨기는 것이 있음
적당한 길이의 눈 맞춤	신뢰
커지는 동공	관심, 긍정적 감정, 두려움
작아지는 동공	관심 부족, 부정적 감정
치뜬 눈꺼풀	놀람, 두려움
빠른 눈빛 교환	정보 교환
가늘게 뜬 눈, 찌푸린 미간	불쾌감, 우월감, 경멸감
윙크	관심 유도, 경고
긍정적이고 빠른 눈 깜박임	확인, 동의
곁눈질	의혹, 주저, 불신, 반대
가늘게 뜬 눈	보다 자세한 정보 요청, 집중, 분노
두 눈을 깜박임	딴 생각, 골똘히 생각한 후 보충
시선 돌림	숨기는 것이 있음, 거리 두기
눈썹 올리기	놀람, 인사
한쪽 눈썹 들어 올리기	불신

미간 찌푸리기 — **불만, 분노, 불쾌한 놀람**

오므린 입술 — **부인, 말하고 싶지 않음**

눈둘레근의 수축 — **진짜 미소**
(눈꼬리가 길어지고
눈살이 찌푸려짐)

눈의 움직임 없이 입만 웃음 — **가짜 미소**

진심은 감추고 본심은 읽어라

7장

숨길 수 없는 미세표정의 증거들

얼굴의 미세표정은 표정 중에서도 특별한 범주에 해당되는 개념으로, 지난 50년 동안 과학적으로 매우 중요하고 특별한 연구 주제로 다루어져 왔다. 책에서 이야기할 미세표정이란, 0.5초도 되지 않는 짧은 시간에 일어나는 얼굴의 미묘한 근육의 동작을 의미한다. 이는 사람들이 의식하지 못하는 사이에 나타나는데, 특정 순간에 느낀 감정이 반영되는 표정이다. 얼굴이 스크린이라면 두뇌는 우리의 감정을 투사하는 영사기다. 미세표정을 지을 때는 영사기가 매우 짧은 순간에 수축된 얼굴 근육을 스크린에 비춘다.

　문화나 지역과 상관없이 인간의 얼굴에서 같은 방식으로 나타나는 기본적인 정서 유형은 7가지다. 시각장애인을 대상으로 행한 연구에서, 학자들은 인간의 미세표정이 문화적으로 습득되는 것이 아니라, 태어날 때부터 갖고 나오는 생물학적 현상이라는 사실을 입증했다. 미세표정은 우리의 두뇌가 감정적 충동을 해석하는 방식에 대한 신체의 반응인 것이다. 게다가 이런 표정은 감정에서 유발되므로 웬만한 사람들은 근육의 이와 같은 무의식적인 수축을 통제할 수 없다.

미세표정은 인간의 기본적인 정서를 대부분 보여준다. 미국의 임상 정신과의사인 로버트 플러칙Robert Plutchik은 처음으로 인간의 기본 정서를 슬픔, 싫음, 분노, 두려움, 기대, 즐거움, 용인, 놀람까지 8가지로 정리했다. 게다가 그는 이런 정서들을 여러 가지로 조합하여 새로운 정서를 만들어낼 수 있다는 사실을 보여주기 위해, 각 정서에 색깔을 넣어 특별한 도표를 만들기도 했다. 이를테면, 두려움+놀람=경고, 즐거움+두려움=죄책감 같은 것이다. 기대감과 용인은 얼굴에서 확인할 수 있는 보편적 부호가 아니어서 관찰이 불가능하기 때문에, 플러칙 이론에 남아 있는 유일한 긍정적 정서는 즐거움뿐이었다. 나중에 이 즐거움은 좀 더 평범하게 행복으로 바뀌었다. 행복은 용인, 기대, 승인, 즐거움, 기쁨 등 모든 긍정적 정서를 아우르는 집합 개념에 대응하는 용어다.

최근에는 인간 얼굴의 미세표정에서 드러나는 분노, 싫음, 경멸, 두려움, 슬픔, 놀람, 행복까지 7가지를 기본적 보편적 정서로 분류하는데, 현재 미세표정이라고 부르는 개념을 처음 찾아낸 사람은 앞에서 언급한 19세기 프랑스의 유명한 신경생리학자인 기욤 뒤센이다. 뒤센은 안면해부학에 관한 탁월한 지식과 사진에 대한 남다른 열정을 바탕으로, 전기를 사용하여 얼굴의 개별 근육을 자극하면서 표정을 연구했다. 그는 자신의 연구 결과를 1862년에 출간한 《인간의 표정 메커니즘The Mechanism of Human Facial Expression》이란 책에 담기도 했다.

인간 얼굴의 미세표정에 대한 글을 남긴 두 번째 인물은 1872년에 《인간과 동물의 감정표현 The Expression of the Emotions in Man and Animals》을 발표한 찰스 다윈Charles Darwin이다. 다윈은 표정의 보편적 성격에 주목하고 그러한 표정을 만드는 데 사용되는 근육을 상세히 분류했다.

이후에도 심리치료 자료 화면을 검토하면서 치료사와 환자 사이 이뤄진 비언어적 소통의 신호로 '순간적인 표정'에 대해 연구한 이들이 있는가 하면, 표정을 상세히 분석하여 21개의 다른 문화권에서 7가지 기본 정서가 얼굴에서 같은 방식으로 나타난다는 사실을 확인한 연구도 있었다.

윌리엄 S. 콘던William S. Condon은 몇 분의 1초 사이에 이루어지는 상호교류를 처음으로 연구한 사람이다. 1960년 그는 자신의 획기적인 결론을 4.5초짜리 영상으로 압축했다. 그가 분석하고 기록한 각각의 이미지는 불과 0.04초짜리였다. 18개월에 걸쳐 이 짧은 영상들을 상세히 검토한 후, 그는 소위 '상호적 미세 움직임interactional micro-movements'이라는 것을 설명했다. 예를 들어, 남녀가 대화를 나누는 상황에서 남성이 손을 들어 올리면 거의 같은 순간 여성은 어깨를 들어 올린다. 콘던에 따르면, 이처럼 서로 결합된 미세 움직임의 동기화 작용이 일련의 미세 율동을 가능하게 한다.

나중에 인간의 감정과 표정의 관계에 대해 연구한 폴 에크먼^{Paul} ^{Ekman}은 다윈의 업적을 한 단계 끌어올려, 특정 감정과 관련된 표정이 문화적으로 규정되는 것이 아니라, 생물학적으로 규정된다는 사실을 분명히 입증했다. 이와 같은 표정들이 문화를 초월하는 보편적 현상이라는 것이다. 에크먼은 1976년에 그의 연구를 기초로 월리스 프리센$^{Wallace\ Freisen}$과 함께 '얼굴 움직임 부호화 체계^{Facial} $^{Action\ Coding\ System,\ FACS}$'를 개발했다. FACS는 인간의 표정에 대한 분류 체계로, 오늘날에도 심리학자와 연구가, 애니메이터들에 의해 자주 사용되고 있다.

이번 장에서는 일상의 대화에서 자주 나타나는 인간의 7가지 기본 정서 중 가장 흔한 3가지 변형을 살펴볼 것이다. 이미 미세표정 훈련을 받은 사람이라면, 얼굴의 짧은 근육 운동을 확인하고 해석하는 우리의 방식이 문제를 매우 단순화시킨다는 걸 알아챌 수 있을 것이다. 과학적인 관점에서 보자면, 미세표정을 부분 표정이나 미묘한 표정이나 감추어진 표정 등으로 구분해서 설명하는 것이 더 좋겠지만, 여기서는 0.5초도 되지 않는 사이에 일어나는 모든 표정을 총칭해 미세표정으로 언급하고자 한다. 부분적이거나 미묘하거나 감추어진 표정 등은 사실 개념이 약간 다르지만, 이 책에서는 공인된 과학적 결론을 실생활에 적용하는 문제에 초점을 맞춰서 설명하겠다.

진심은 감추고 본심은 읽어라

무표정

 인간의 신체언어를 제대로 해석하고 싶다면, 누가, 언제 중립적인 표정을 짓는지 알아볼 필요가 있다. 어떤 감정이 촉발되어 얼굴에 미세표정으로 나타날 때 그 차이를 비교하거나 알아챌 수 있는 기반이 되는 것이 바로, 무표정이기 때문이다. 특정 순간에 아무런 감정도 생기지 않거나 상대의 말에 대해 아무런 의견이 없을 때도 무표정할 수 있다. 대화를 나누고 있는 상대의 얼굴에 표정이 없다면, 당신의 말을 전혀 듣지 않거나 건성으로 듣는 것일 수 있으므로, 이를 확인할 필요가 있다.

 일부러 포커페이스를 하는 경우도 있다. 다만 필요하면 누구든 포커페이스를 만들 수 있기 때문에 무표정과 포커페이스를 구분할 수 있어야 한다. 무표정은 포커페이스보다 좀 더 느긋한 감정 상태에서 저절로 나오는 반면, 포커페이스는 가면을 쓰고 있는 것 같은

비교의 기반이 되는 무표정

인상을 준다. 포커페이스일 경우엔 안면근육이 다소 경직되기 때문에, 좀 더 자세히 보면 그가 현재 벌어지고 있는 일에 대해 일부러 반응하지 않으려고 한다는 걸 눈치챌 수 있을 것이다. 또한 포커페이스를 취하는 사람은 질문에 자동적으로 대답하지 않고 시간을 끌면서 대답할 방식을 궁리하면서도, 얼굴로는 그런 반응을 드러내지 않으려고 애쓴다.

무언가를 숨기고 싶어 하는 사람이 선글라스를 쓰는 것도 그런 이유 때문이다. 그들은 다른 사람들이 자신의 얼굴, 특히 눈을 볼 수 없게 하려고 선글라스를 착용한다.

 행복

행동과학에서 '행복'이란 용어는 용인, 기대, 승인, 즐거움, 확인, 흥미 등 긍정적 정서를 통칭하는 일반적인 설명이다. 행복처럼 매력적인 감정도 없을 것이다. 인간은 웃고 있는 사람들과 함께 있고 싶어 할 뿐 아니라 우리 자신도 주변 사람들을 행복하고 편안하게 해주고 싶어 한다. 인간은 자신이 상대의 의견에 찬성하고 그들을 좋아하고 있으며 그도 나를 좋아하길 원한다는 걸 보여주기 위해 웃거나 미소를 짓는다.

비즈니스 관계로 사람을 만날 때도 행복과 관련된 미세표정이 중요한 기능을 한다. 당신의 제안에 대한 상대의 동의 여부를 알고

진심은 감추고 본심은 읽어라

올라간 양쪽 입꼬리
: 행복_순간의 기쁨

진심이 담긴 기쁨의 미소
: 진짜 행복

싫을 때는 특히 그렇다. 상대의 표정에서 이와 같은 정서적 신호를 읽어내는 능력이 필요한 것도 이 때문이다.

양쪽 입꼬리가 대칭을 이루면서 같은 높이로 올라가면, 기분이 좋다는 뜻이다. 이런 미세표정을 알아차리면 유용한 점이 많다. 예를 들어, 당신이 연인에게 오늘밤 무얼 하고 싶은지 묻는다고 하자. "내 친구들을 만날래? 아님 집에 그냥 있을까, 영화 보러 갈까?" 만약 '친구'라는 단어가 나왔을 때 당신 연인의 양 입꼬리가 살짝 올라갔다면, 오늘 저녁 일정은 정해진 셈이다.

진심이 담긴 기쁨의 미소는 미세표정이 아니다. 하지만 0.5초도 안 되는 짧은 순간에 나타나는 미세표정과 상당히 오래 지속되는 큰 표정의 차이를 확인해볼 필요가 있다. 위의 사진에서 우리는 진짜 미소와 가짜 미소의 차이를 분명하게 볼 수 있다.

오른쪽 사진에서 여성의 눈둘레근이 수축된 것을 보면, 진짜 미소 즉 소위, '뒤센 미소'라는 걸 알 수 있다. 눈둘레근이 수축되면 눈썹의 바깥쪽 가장자리와 눈 사이에 있는 피부가 약간 아래로 늘어나면서 눈썹이 조금 찌끄러진다. 이 두 가지 움직임이 인간의 전전두엽에서 즐거움을 경험하고 있다는 믿을 만한 증거가 되므로, 이와 같은 표정이 드러내는 행복은 진짜다.

단, 행복의 미세표정과 경멸의 미세표정을 혼동하지 말아야 한다. 생각보다 둘의 표정은 상당히 비슷하다. 하지만 행복감이 담긴 표정이 대칭적인 반면, 경멸이 담긴 표정은 비대칭적이라는 점에서 차이가 있다. 즐거운 경험을 할 때는 양쪽 입꼬리 모두가 올라가는데, 경멸의 감정을 느낄 때는 어느 한쪽 입꼬리만 올라가는 것이다. 경멸은 우월감의 표현이다. 업무 회의에서 누가 이런 표정을 짓고 있다면 그 사람이 당신의 제안을 인정하지 않거나 당신보다 자신이 더욱 잘 안다고 생각한다는 뜻이다.

경멸이 담긴 표정은 미소 직전 혹은 직후에 나타난다. 이때 미소는 경멸의 표정을 감추기 위한 것이지만, 미소 속에서 그런 의도를 볼 수 있는 순간은 겨우 몇 분의 1초뿐이다. 따라서 이 두 가지 안면근육의 움직임을 구분할 수 있어야 한다. 이 둘을 혼동하면 협상에서 좋은 성과를 거두기 힘들 것이다.

 경멸

행동과학에서 '경멸'이란 용어는 우월감, 비꼼, 지배 의지 등 모든 부정적 정서에 대한 일반적인 설명이다. 경멸은 인간의 7가지 기본 정서 중 유일하게 비대칭적인 표정으로 드러난다. 한쪽 입꼬리만 올라가기 때문에 자신은 미소를 짓는 것처럼 생각해도 사실은 미소가 아니라 주변 사람보다 자신이 우월하다는 신호가 된다. 다른 사람들과 비교하여 자신의 지식과 경험이 한층 낫다고 생각할 때 나오는 표정이다.

경멸을 표정으로 드러내는 사람은 다른 사람을 쉽게 평가하고 판단하며, 남에 대한 부정적이거나 비판적인 생각을 숨기지 않는다. 업무 회의 중에 상대의 얼굴에서 경멸의 표정이 보인다면, 당신이 지금 그 사람을 설득하지 못하고 있다는 뜻이므로 작전을 바꿔야 한다. 당신의 주장을 뒷받침할 만한 사례를 더 많이 제시하거나 당신이 갖고 있는 전문성이나 경험을 다시 한번 강조하는 것도 좋고, 상대가 반감을 가지게 된 이유를 분명히 알 수 있는 질문을 던져서 분위기를 반전시키도록 노력해야 한다.

한쪽만 올라간 입꼬리
: 다루기 까다로운 유형

미소 속의 경멸
: 가짜 미소

당신이 무슨 말을 꺼내기도 전에 상대가 이와 같은 경멸의 표정을 지었다면, 대화가 쉽지 않으리라고 예상해야 한다. 하지만 상황에 따라 똑같은 표정이 자부심의 신호인 경우도 있다.

대개 우월감을 느끼거나 상대를 우습게 보는 사람의 얼굴에는 경멸의 표정이 드러나는데, 이런 미세표정은 비대칭적이기 때문에 주의 깊게 보지 않아도 알아보기가 쉽다.

상대 입꼬리의 어느 한쪽이 다른 쪽보다 더 빨리 또는 더 많이 올라갔다가 더 느리게 다시 내려온다면, 현재는 그 사람이 미소를 짓고 있다 해도 속으로는 경멸하고 있는 것이다.

 싫음

행동과학에서 '싫음'이란 용어는 조심스러운 반대부터 직설적인 거절이나 혐오에 이르기까지 모든 종류의 부정적인 정서에 대한 일반적인 설명이다. 갓 냉장고에서 꺼내 들이마신 우유가 상했을 때, 이런 표정이 나온다. 이럴 때는 윗입술이 올라가기 때문에 입가에 주름이 나타날 것이다. 이는 악취에 대한 자동적인 반응으로, 가능한 한 비강을 닫으려고 하는 본능적인 시도다. 인간의 진화 차원에서 보자면, 이러한 표정이 같은 부족원이 썩은 음식을 먹지 않게 만들어 서로를 보호하는 데 도움을 주었을 것이다.

사람들은 누군가를 싫어하거나 어떤 말에 대해 동의하지 않는다는 것을 드러낼 때 이런 표정을 짓는다. 고객이 협상 중에 이 같은 표정을 드러낸다면, 당신의 제안이 마음에 들지 않았다는 뜻이다. 이를 빨리 알아차리면 설명조의 질문을 내놓거나 새로운 주장을 함으로써 너무 늦기 전에 대화의 방향을 돌릴 수 있을 것이다. 고객이 당신의 말에 전혀 관심이 없다는 걸 일찍 발견한다면 쓸데없이 시간을 낭비하지 않아도 된다.

물건이든 제안이든 사람이든, 인간은 그것이 싫을 때 코 주변에 주름이 생기므로 이를 살펴보면 비교적 쉽게 그 감정을 알아챌 수 있다. 윗입술이 긴장하여 약간 올라가기 때문에 이 같은 주름이 나타나며, 이때 아랫입술도 약간 올라갈 수 있다.

타인이 무언가를 싫어한다는 걸 알 수 있는 분명한 신호는 윗입술이 올라가는 것이다. 경우에 따라, 치아가 보일 수도 있다. 코 주변에 생긴 주름이 언제까지 유지되는지도 살펴야 한다. 코 주변에 주름이 생겼다면 거의 예외 없이 싫다는 의미다.

코 주변에 생긴 주름
: 싫음

올라간 윗입술
: 악취, 듣기 싫은 말

백만장자의 미세표정

백만장자들은 좀처럼 자신의 감정을 드러내지 않는다는 이 야기를 들어본 적이 있을 것이다. 내가 만난 백만장자들은 확실히 아는 것도 많고 자신감이 넘쳤다. 그들의 신체언어만 봐도 결코 만만한 존재가 아니라는 걸 알 수 있었다. 하지만 백만장자들에 대한 연구 결과에 따르면, 그들의 공통점은 비상한 두뇌나 자신감이 아닌, 탁월한 공감 능력이었다.

한번은 벨기에의 프랑스어 TV방송인 〈RTBF〉를 통해, 억만장자인 롤랑 뒤샤텔레Roland Duchatelet와 생방송으로 대담을 했다. 방송이 끝난 후 우리는 해당 영상을 분석했고, 우리와 대화하는 중 그가 했던 말과 그가 지었던 공감 표정이 일치한다는 것을 확인할 수 있었다. 이처럼 표정과 말이 일치할 때는 상대의 얼굴을 통해 드러난 표정이 포커페이스가 아니라는 걸 분명히 알 수 있다.

1장에서 이미 설명했지만, 이와 같이 상대의 공감을 일으키는 풍부한 표현은 타인과의 교류를 한층 원활하게 만든다. 이는 상대가 당신의 말을 쉽게 이해했다는 뜻이기 때문에, 이를 알아차리면 협상에서 중요한 순간에 매우 큰 도움이 될 것이다.

두려움, 분노, 슬픔, 놀람

　지금까지 인간의 두려움이나 분노, 슬픔, 놀람을 드러내는 미세
표정에 대해서는 자세히 설명하지 않았다. 이러한 표정에는 우리가
방금 다룬 3가지 정서보다 더 많은 변형이 있다. 그리고 각각의 정
서를 드러내는 고유의 표정이 있다. 이는 다음과 같다.

옆으로 길게 늘어난 입술
: 두려움

가늘게 뜬 눈과 아래로 당겨진 눈썹
: 분노

안쪽 가장자리가 올라간 눈썹
: 슬픔

올라간 눈썹과 눈꺼풀에 느껴지는 긴장감
: 놀람

행복 — 올라간 양쪽 입꼬리

경멸 — 한쪽만 올라간 입꼬리

싫음 — 코 주변에 생긴 주름

두려움 — 옆으로 길게 늘어난 입술

분노 — 가늘게 뜬 눈과 아래로 당겨진 눈썹

슬픔 — 안쪽 가장자리가 올라간 눈썹

놀람 — 올라간 눈썹과 눈꺼풀에 느껴지는 긴장감

8장

비즈니스를 위한
의사결정의
신체언어

이 장에서 다룰 내용 🖊

- 상대가 말을 꺼내기 전, 그 사람의 결정을 예측하는 법
- 상대의 거짓말을 알아채는 법
- 묻지 않고도 답을 얻어내는 법

열두 살 때부터 나(카시아)는 아버지의 출장을 자주 따라 다녔다. 당시 아버지는 오피스 빌딩을 짓는 꽤 큰 규모의 건설회사를 소유하고 있었는데, 덕분에 서구와 아라비아 지방의 여러 나라를 함께 다닐 수 있었다. 아버지는 비즈니스 목적으로 만나는 사람과 점심식사를 할 때가 많았고, 종종 나도 그 자리에 함께하곤 했다.

곁에서 아버지의 비즈니스 미팅 현장을 자주 지켜본 결과, 나는 아버지가 자신의 결심을 말로 털어놓기 전에 이미 그 결과를 그의 얼굴에서 알아챌 수 있었다. 한번은 아버지와 이색 골동품 가게를 찾았다. 그리고 가게 주인과 은으로 만들어진 값비싼 꽃병의 가격을 흥정하는 아버지의 모습을 지켜봤다. 주인이 터무니없는 가격을 부르자, 아버지의 코 주변에는 주름이 생겼다. 그리고 나의 예상대로 아버지는 금방 한쪽 입꼬리를 올리며 가격을 후려쳤다. 이 같은 수많은 비즈니스 현장에서 관찰자로 참여한 덕분에, 나는 양측이 일을 매듭짓기도 전에 그 결과를 예측할 수 있게 되었다.

이번 장에서는 협상을 성공으로 이끄는 데 필요한 결정적 신체언어를 소개하며, 우리가 만든 BLINK 대화 기법에 대해 설명하고자 한다. 이 기법을 익힌다면 상대가 당신이 알고 싶은 정보에 관해 한마디 하지 않아도, 필요한 정보를 모두 얻는 쪽으로 대화를 이끌 수 있다.

간단히 말해, 이번 장에는 판매나 모집이나 협상 등 여러 가지 비즈니스 업무 상황에서 유용하게 활용할 수 있는 중요한 지침을 소개할 것이다.

가만있어 보자

턱을 문지르는 동작은 그 사람이 어떤 상황에 관해 평가하고 있다는 신호다. 이제 결정을 내릴 준비가 되었다는 뜻이기도 하다. 그렇게 턱을 만지작거리던 사람이 문지르기를 멈췄다면, 결론이 난 것이다. 따라서 당신이 원하는 결과를 얻고 싶다면 상대가 턱을 문지르는 동안 필요한 조치를 취해야 한다.

상대가 턱을 만지면서 고개를 돌리거나 곁눈질을 한다면, 그가

진심은 감추고 본심은 읽어라

받은 제안을 긍정적으로 여기고 있다는 의미
다. 그러나 위나 아래쪽을 바라본다면, 호의
적인 반응이 아니다. 따라서 상대가 위아래
로 시선을 두며 턱을 문지르고 있다면,
그가 입 밖으로 최종 판단을 통보하기
전에 무슨 말을 하거나 질문을 던져야
한다. 그러한 방법으로 상대의 부정적
인 생각을 끊어야, 좀 더 긍정적인 방
향으로 설득할 기회를 잡을 수 있다.

턱 문지르기
: 생각 혹은 평가 중
(일반적으로, 눈이 위아래를 향하면
부정적, 눈이 한쪽으로 치우치는
곁눈질이면 긍정적)

"턱 문지르기를 멈추었다면,
결론은 이미 나온 것이다."

생각 좀 해볼게요

결정 직전에 나오는 또 다른 제스처 중
하나는, 눈꺼풀을 내리면서 검지를 입에
갖다 대는 동작이다. 이는 무언가에 대
해 골똘히 생각하는 중이니 방해하지
말라는 뜻이다. 이럴 때 그 사람의 생각
을 중단시켜야 할지 말지는 당신이 그

눈꺼풀을 깔며, 입술에 검지 대기
: 방해 금지, 결정을 내리는 중

사람의 생각을 긍정적으로 보는지 부정적으로 보는지에 달렸다. 상대가 이런 자세를 취하기 전에 부정적인 신체언어를 보였다면, 질문을 던지거나 좀 더 설득력 있는 새로운 주장을 제시함으로써 그의 생각을 중단시켜도 손해 볼 것이 없다.

이렇게 할게요

안경다리를 입에 갖다 대기
: 결심함

중요한 순간에, 안경을 벗어 한쪽 다리를 입에 넣는 사람이 있을 것이다. 골똘한 표정을 지으며 입 안에서 살짝 넣은 안경을 이리저리 움직이는 경우도 있다. 두 가지 모두 이미 결심이 섰다는 뜻이다. 이에 대한 최선의 대응책은 이 같은 동작을 취하기 전 몇 분 동안, 그 사람이 골똘히 생각하는 사이 그의 신체언어가 드러내는 일반적인 인상이 긍정적인지 또는 부정적인지를 빨리 판단하는 것이다.

덧붙이고 싶은 말 없어요?

입에 물건을 넣는 동작은 불확실함을 드러내는 신호라고 설명

진심은 감추고 본심은 읽어라

했다. 결정을 내려야 할 때 상대가 이런 식의
행동을 취한다면, 확실한 결정을 내리기 위
해 좀 더 구체적인 주장이나 세부적인
내용이 필요하다는 비언어적 신호다. 이
와 같은 비언어적인 질문에 당신이 만
족할 만한 정보나 대답을 주지 못한다
면, 불확실성이 상황을 지배하게 되어
부정적인 결과를 얻게 될 가능성이 크다.

물건을 입으로 가져가기
: 불확실, 세부적인 내용 필요

좋아요, 전 결정했어요

3장에서 손가락을 모아 피라미드 모양을 만들면 자신감과 지배
의지를 드러내는 신호라고 설명했다. 결정을 내려야 하는 상황에
서 상대가 그런 제스처를 취했다면, 자신의 의견에 확신을 갖고 있
다는 뜻이다. 그 결정이 당신에게 유리할지 아닐지는 대화 도중 그
사람이 보내는 다른 비언어적 신호에 따라 달라진다.

손으로 피라미드 모양을 취하기 직전 그 사람이 보인 신체언어
가 긍정적이었다면, 당신이 내민 계약서에 서명하거나 확실한 협
정을 맺을 절호의 순간이다.

반대로 피라미드 모양을 취하기 전 보인 신체언어가 부정적이
라면, 당신에게는 기회가 많지 않다. 이제 할 수 있는 것이라고는,

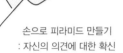

더 늦기 전에 좀 더 설득력 있는 주장으로 그의 상념의 열차를 세운 다음, 대화의 방향을 다른 쪽으로 돌리는 것이다.

손으로 피라미드 모양을 만들면서 머리를 뒤로 젖힌다면, 상대가 우월감을 내세워 당신을 제압하겠다는 뜻이다. 새로운 제안을 내놓으며 협상을 다시 시작하지 않는 이상, 당신에게 유리한 방향으로 상대를 설득하기는

손으로 피라미드 만들기
: 자신의 의견에 대한 확신

매우 어려울 것이다. 이런 자세를 취한 사람은 당신의 말을 진지하게 듣지 않으므로 대화도 긍정적인 방향으로 끌어가기 어렵다.

이렇게 하시죠

손으로 피라미드 모양을 만드는 동작처럼 머리 뒤로 손을 가져가는 동작은 자신감과 지배 의지를 드러낸다. 따라서 상대가 이 같은 동작을 취하는 타이밍과 그에 수반되는 다른 신호를 포착하는 것이 중요하다. 3장에서 설명한 대로 이런 제스처의

머리 뒤로 손 : 오만

진심은 감추고 본심은 읽어라

다양한 의미를 해석할 줄 안다면 최상의 전략을 세울 수 있다.

아, 그래요?

상대가 몸을 앞으로 기울인다면 좋은 신호
라고 봐도 된다. 아마도 당신의 말에 동의
하거나 당신의 제안에 흥미가 있으니
더욱 협조하겠다는 뜻일지도 모른다.
그러나 다른 부정적인 신체언어와 함
께 이런 자세를 취했다면, 당신과 맞설
준비를 하겠다는 의미가 될 수도 있다.

몸을 앞으로 기울이기
: 관심 혹은 대결할 태세

안 되겠습니다

협상의 상대가 팔짱을 끼고 머리를 뒤로 젖힌
폐쇄적인 자세로 당신의 제안에 답
을 하려고 한다면, 그의 대답은 들
으나마나 거절일 것이다. 이는 결

팔짱 낀 채 머리 젖히기 : 거절, 부인

심을 굳혔다는 뜻이기 때문에 이때는 더 이상 고집을 부리지 않는 편이 낫다. 당신이 할 수 있는 것이라고는 다른 각도로 접근을 시도하여 나중에라도 그 사람이 마음을 바꾸길 바라는 것뿐이다.

괜찮긴 한데……

팔짱 낀 채 미소 지으며
고개 끄덕이기
: 대체로 긍정,
마음 숨김, 주저, 비꼼

상대가 당신의 이야기에 팔짱을 낀 채 미소를 지으면서 고개를 끄덕일 때가 있을 것이다. 사실 이런 자세는 때와 장소를 구분하여 신중하게 해석해야 한다. 비꼬는 말투만 아니라면, 미소를 지으며 고개를 끄덕이는 동작은 대개 긍정의 신호다. 하지만 팔짱을 끼고 있다면, 그가 간단히 결정할 문제가 아니라고 여기고 있거나 별다른 관심이 없으니 거리를 두고 조금 생각해보겠다는 의미일 수도 있다. 그렇지만 대체적으로는 긍정적인 제스처로 볼 수 있다.

내 마음을 맞춰봐

앞서 언급했듯이, 상대의 몸이 향하는 방향은 그의 관심이 어디

진심은 감추고 본심은 읽어라

에 있는지 알려주는 좋은 지표가 된다. 이는 발의 방향으로도 확인할 수 있다. 우리의 발은 대체로 자신이 가장 공감하고 관심을 갖는 사람 쪽을 겨냥하게 된다.

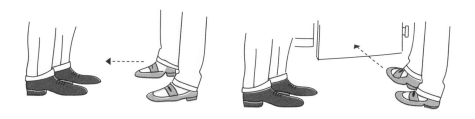

몸과 발의 방향 : 특별히 관심을 두는 곳 암시

좋은 생각입니다

상대가 눈에 띄는 부정적인 신체언어 없이 당신이 하는 말에 규칙적으로 고개를 끄덕인다면, 동의한다는 뜻이다. 그렇지 않다면 당신의 눈을 피하거나 손으로 머리를 괴었을 것이다. 고무적으로 고개를 끄덕이는 것도 좋은 신호다. 대화를 시작하는 상황이라면 특히 그렇다. 상대가 고개를 끄덕여주면, 당신 역시 마음 놓고 이야기할 수 있다. 그러면 상대와 거리감이 없어지므로 좋은 관계를 유지하기가 한결 쉬워진다.

고개 끄덕이기 : 동의

아하, 그래서요?

한쪽 얼굴에 손 갖다 대기
: 관심

뺨이나 얼굴 한쪽에 검지 등의 손가락으로 머리를 괴는 것이 아니라, 손가락을 갖다 대기만 한다면 좋은 신호라고 볼 수 있다. 당신에게 관심이 있으며 당신의 말을 더 듣고 싶다는 의미다.

더 읽기

의사결정 과정에서 드러나는
부정적 신체언어

4장에서 다룬 부정적인 자세나 제스처는 협상을 하거나 결정을 하는 과정에서 부정적인 결과를 암시하는 지표로 해석된다. 또 이런 동작과 제스처 중 일부에는 강조의 의미가 덧붙여지기도 한다.

- 엄숙한 표정 : 비판적 생각
- 무릎에 손을 올리고 몸을 앞으로 기울임 : 언제라도 자리를 뜰 태세
- 머리를 뒤로 젖히기 : 우월감, 대화를 끝내고 싶음
- 주먹을 쥔 손 : 분노, 저항, 공격성

진심은 감추고 본심은 읽어라

- 주머니에 넣은 손 : 저항, 의견을 드러내지 않음, 거리 유지
- 손을 입에 가져가기 : 심사숙고
- 물건을 만지작거리기 : 관심 부족, 딴생각, 초조
- 손으로 머리 괴기 : 지루함, 관심 없음

빨리 끝내죠

손이나 손가락 몇 개로 머리를 괸다면, 그가 지루해한다는 신호다. 미팅이 길어지거나 가슴에 와 닿지 않는 연설이 계속될 때, 사람들은 이런 제스처를 취한다. 이때 엄지로 턱을 괸다면 부정적이거나 비판적인 의미로 볼 수 있다. 상대에게서 이런 자세가 보이는데도 논지를 조정하지 않는다면, 얼마 가지 않아 상황이 불리하게 바뀔 것이다.

손으로 머리 괴기
: 지루함, 관심 없음

네, 그럼

협상이나 대화 도중에 갑자기 테이블 위에 펼쳐진 서류들을 모

으거나 정리하고, 자신의 서류가방에 자꾸 손을 댄다면 상대와의 대화를 그만 끝내고 자리를 떠나고 싶다는 신호다.

물건 정리하기 : **자리를 뜰 준비**

편하게 말씀하시죠

앞서 말했듯, 자신감이 있는 사람은 거리낌 없이 필요한 공간을 차지한다. 의자 팔걸이에 자신의 팔을 걸치거나 얹는 동작은 그 사람이 이 공간이나 상황을 편안하게 여기고 있다는 의미다. 또는 그가 어떤 최종적인 결론을 기대하고 있는 것인지도 모른다. 물론, 사람들이 많이 모인 자리에서 대중이 자신의 말을 제대로 귀담아 듣지 않는다고 여겨질 때도 이런 자세가 나올 수 있다.

팔걸이에 팔 걸치기
: 편안함

진심은 감추고 본심은 읽어라

좀 더 들어보고 싶군요

비즈니스 협상을 진행하는 중에, 상대가 상의 단추를 풀었다면 긍정적인 신호로 받아들여도 좋다. 실내 온도가 올라간 것도 아닌데 이런 동작이 나온 것은 상대가 당신의 주장에 설득되고 있거나 당신과 손을 잡을 준비가 되었다는 의미다.

상의 개방하기
: 개방. 긍정적 감정

2002년 변호사이자 협상 연구소를 설립한 제럴드 니렌버그Gerald Nierenberg가 저술가 헨리 칼레로Henry Calero와 함께 쓴《사람을 책처럼 읽는 법How to Read a Person Like a Book》에서도, 이러한 제스처는 대화가 긍정적인 방향으로 가고 있다는 신호라고 말했다. 상대가 꼬고 있던 다리를 풀거나 당신에게 가까이 다가오는 제스처도 같은 의미로 볼 수 있다. 이런 동작은 당신이나 당신의 제안에 대한 거부감이 줄어들었다는 것을 암시한다.

어떻게 해야 할지 모르겠어요

뒤통수나 뒷목을 손으로 문지르는 동작은 좌절의 신호다. 대화가 잘 풀리지 않는 데다 난감한 상황을 타개할 방법이 전혀 생각나

지 않을 때, 이런 동작이 나온다. 어쩌면 자신이 원하는 것에 대한 대가가 너무 혹독하다는 데 좌절의 원인이 있을지도 모른다. 아니면 약속을 이행할 수 없게 되었을 수도 있다. 당신이 약속한 바를 독촉했을 때 상대가 이런 제스처를 취한다면, 그가 아직 마무리를 하지 못해 미안함을 느끼고 있을 가능성이 크다.

뒷목 문지르기
: 좌절, 미안

타깃은 너

대화 도중 상대가 양쪽 검지를 모아 맞은편에 앉은 당신을 가리킨다면 그 의미는 분명하다. 당신을 공격하겠다는 뜻이다. 이와 같은 피스톨pistol 모양의 제스처는 눈에 띄는 데다 의미하는 바도 거의 똑같아서, 웬만한 사람이라면 그 뜻을 알아챌 수 있을 것이다.

양쪽 검지로 권총 모양 만들기 : 공격

진심은 감추고 본심은 읽어라

어떤 사안에 대한 결심이 서서 새로운 조치를 취할 준비가 되었을 때, 우리는 손을 비빈다. 마음먹었던 일을 정확하고 의욕적으로 처리하기 전, 양손을 따뜻하게 데우려는 무의식적인 동작이다. 다만 5장에서 이야기했듯, 이러한 제스처는 손을 비비는 속도에 따라 행복감을 나타낼 수도 있고 짓궂은 쾌감을 의미할 수도 있다.

양손 비비기
: 속도가 느리지 않다면,
시행을 위한 워밍업

안 되면 어쩌지?

앞에서 보여준 여러 사례에서 보듯, 대개 손가락을 두드리면 초조하다는 뜻이다. 테이블 같은 데에 팔꿈치를 댄 채, 한쪽 손가락으로 반대쪽 손등을 두드리는 동작은 어떤 일을 앞두고 초조하거나 어떤 일이 일어나기를 기다리고 있다는 신호다.

손으로 반대쪽 손등 두드리기
: 초조

이거 참 난감하네요

엄지로 반대쪽 손바닥을 문지르는 동작은 그 사람이 어려운 상황에 처해 난감해한다는 신호다. 자신의 예상이나 기대에서 어긋나는 결과가 벌어져서 더 이상은 이 일에 개입하고 싶지 않을 때, 이런 제스처가 나온다.

엄지로 반대쪽 손바닥 문지르기 : 난감

일단은 여기서 지켜볼게요

양손을 느슨하게 포개어 접고 있는 동작은 자신이 처한 상황에서 거리를 두고 싶거나 현재의 대화에서 빠지고 싶다는 신호로 볼 수 있다. 물론, 이 같은 동작이 단순히 그 사람의 습관일 수 있다는 점도 감안하자. 손을 포개는 타이밍이나 정황, 속도에 따라 같은 동작이라도

양손을 느슨하게 포개기 : 거리 유지, 긴장 이완

진심은 감추고 본심은 읽어라

의미하는 바가 다를 수 있다.

이러한 동작이 긍정적인 신호일 때도 있는데, 예를 들어 만족스러운 식사를 한 뒤 편안한 기분으로 잠시 테이블에 느긋하게 앉아 쉬려고 할 때도 이 같은 자세가 나온다.

당황스럽기 짝이 없네요

양손을 머리로 가져가는 제스처는 대개 새로 들은 이야기나 정보가 전혀 예상치 못한 것이라 당황스럽고 부담스러울 때 나온다. 피곤하다거나 내키지 않는다는 신호도 된다. 정확한 해석은 다른 제스처를 함께 봐야 내릴 수 있을 것이다.

양손으로 머리 붙잡기
: 부담스러운 정보

 ## 거짓말 알아채기

영국에서 실시한 한 연구에 따르면, 인간은 비교적 중요한 거짓말을 하루에 4번 정도 한다. 미국에서도 비슷한 연구가 다른 두 기관에서 이뤄졌는데, 그들은 인간이 하루에 약 200번 정도의 거짓말을 듣는다고 단정했다.

이처럼 거짓말을 하고 거짓말을 듣는 건 일상다반사다. 그렇다고 업무와 관련된 논의나 비즈니스 협상을 시작할 때 처음부터 상대가 거짓말을 하는지 아닌지 탐색하려 드는 건 대화에 임하는 좋은 태도라고 볼 수 없다. 타인에 대한 의심과 의혹의 마음가짐으로는 긍정적인 관계를 만들기 어렵고, 또 좋은 결과를 기대할 수도 없기 때문이다. 경험해본 결과, 비즈니스 대화 자리에서 처음부터 작정하고 거짓말을 늘어놓는 사람은 많지 않았다.

꺼내는 말마다 거짓투성이인 상습적 거짓말쟁이도 없지 않다. 이들의 표적이 되어서는 안 될 것이다. 타인이 이야기를 할 때 비교적 의미가 명확한 신체언어들이 눈에 띈다면 잘 기억해두고, 그럼에도 신중한 해석이 필요한 '회색지대'가 있다는 사실을 잊지 말자. 다만 여러분에게 다음과 같은 사람들을 조심하라고 말하고 싶다.

- 약속한 일을 제때 하지 못하면서, 늘 새롭고 합리적이고 적절한 변명을 만들어내는 사람
- 타인에게 좋은 인상을 주기 위해, 자신의 역량과 경험을 특별히 강조하는 사람
- 사전 합의한 프로젝트를 추진하는 도중, 가격을 올리려는 사람
- 아무런 설명도 없이 갑자기, 협조를 거부하는 사람

'범죄 코드'의 관점에서 본다면, 이와 같은 행동들이 명백한 거짓은 아닐 수 있다. 때론 선의의 거짓말로 구분돼, 싫든 좋든 비즈

진심은 감추고 본심은 읽어라

니스를 할 때 피할 수 없는 부분이 되기도 한다. 거짓말을 어떻게 정의하느냐에 따라 비언어적 신호에 대한 해석도 달라진다.

예를 들어, 어떤 사람은 무조건 상대가 거짓말을 하리라고 단정한다. 이들은 미리 특정 가설을 세워두고 그 가설을 뒷받침할 만한 몇 가지 제스처에 집중하느라 정작 더 크고 중요한 그림을 무시한다. 그럴 듯하게 포장된 거짓말을 밝혀낼 수 있는지 아닌지는 여기서 다루지 않겠다. 항상 존재하는 회색지대에서 어느 정도의 거짓말을 받아들일지 말지는 당신이 결정할 문제다.

내가 권하고 싶은 건, 선의든 악의든 거짓말 그 자체에 너무 괘념치 말고 비즈니스 파트너와 함께 일할 수 있는 가장 좋은 방법을 찾는 데 집중하라는 것이다. 당신에게 '인간 거짓말탐지기'라는 별명이 붙을 만큼 용한 재주가 있더라도, 각각의 논제를 따지기보다 공동의 목표와 상호이해를 바탕으로 협력할 방법을 찾는 데 시간을 투자하는 것이 훨씬 건설적이다. 이때 인간의 신체언어가 의미하는 바를 잘 알고 있다면, 더 좋은 파트너를 찾고 그들의 행동과 말을 해석하는 데 도움이 될 것이다.

일상의 관계에서 우리가 접하는 사람들 중에 언제나 확실하고 일관된 메시지를 보내는 사람은 많지 않다. 모든 상황을 자신에게 유리하게 조작하는 사람이 있는가 하면, 자신이 처한 환경과 상황을 장악하고 싶어 하는 사람도 있고, 실제로 다른 사람이 자신에게 터무니없이 높은 가격을 지급하게끔 만들려는 사람도 있다. 이런 사람들을 만났을 때는 그들의 말과 신체언어가 어긋나는 부분을 찾아야 한다. 그래야 당신에게 유리하고, 적어도 손해 보지 않는 방향으로 결론을 내릴 수 있다.

상대가 당신에게 무언가를 숨기고 있다는 의심이 들 때, 이런 불일치를 확인할 수 있는 기본 제스처나 자세를 소개하겠다. 이 같은 제스처가 나온 직후 곧바로 다음 제스처를 이어간다면, 상대가 당신을 속이려고 한다는 경고로 받아들여도 좋다.

- 코끝을 건드린다 – 초조하거나 스트레스를 받고 있음

- 손으로 입을 가린다 – 말하고 싶지 않음

- 물건을 방패삼아 시간을 번다 – 거리를 유지하려 함

- 눈을 비빈다 – 보고 싶지 않음

- 뒷걸음질 치며 방어 자세를 취한다 – 거리를 유지하려 함

- 명확하지 않은 사항에 대해 논의할 때 갑자기 행동을 바꾼다

- 명확하지 않은 부분이 재론될 때 몸이 긴장한다

코끝 건드리기
: 초조, 스트레스

손으로 입 가리기
: 말하고 싶지 않음

진심은 감추고 본심은 읽어라

물건을 이용해 시간 벌기
: 거리 유지

눈 비비기
: 보고 싶지 않음

    다만, 상대가 거짓말을 할 때 취하게 되는 특정 제스처나 동작 혹은 표정이 따로 있다는 그릇된 속설은 바로잡을 필요가 있다. 앞에 언급한 신체언어 신호는 거짓말과 연관이 있을 수도 있고 없을 수도 있는, 어떤 감정을 암시하는 지표일 뿐이다. 더욱이 이런 신호는 거짓 여부를 탐지하는 지표로 삼기엔 강도가 너무 약하다. 따라서 이 같은 제스처는 당사자의 평소 행동을 고려하고 다른 지표와 결합한 뒤 해석의 5가지 기본 원칙을 신중히 적용한 뒤, 의미를 해석해야 한다. 그 모든 것이 일치할 경우에만 상대가 거짓말을 하고 있다고 결론 내릴 수 있는 것이다.

    상대가 무언가를 크게 두려워하는 듯한 신체언어를 보인다고 해서 그를 거짓말쟁이로 단정해서는 안 된다. 두려움의 감정이 꼭 타인에게 자신의 거짓말을 들킬까 걱정할 때만 나오는 것은 아니기 때문이다. 어쩌면 자신이 진실을 말하고 있는데도 상대가 자신을 믿어주지 않아서 걱정하는 것일 수 있다. 그리고 그 반대의 경우도 생각해봐야 한다. 즉, 두려워하지 않는다고 해서 거짓말을 하지 않는다는 뜻은 아니다. 거짓말을 하는지 아닌지 정확하게 구분하려면, 어느 정도의 기간 동안 훈련을 받고 다양한 경험도 해봐야 한다. 그러고 나서도 지켜야 할 중요한 규칙이 많다.

 ## 거짓말 탐지의 황금률

이 책에 실린 모든 제스처와 동작 그리고 자세와 표정이 상대의 입에서 나오는 말과 모순된다면, 그의 말이 거짓말이라고 일단 의심해보자. 가장 좋은 건 상대의 신체언어가 보내는 신호와 그가 하는 말의 메시지를 구분해, 그들 사이의 불일치를 찾아 확인하는 것이다. 여기서 나타나는 불일치는 다음 형태 중 하나일 것이다.

- 신체언어가 긍정적이고, 말은 부정적이다
- 신체언어가 긍정적이고, 말은 중립적이다
- 신체언어가 부정적이고, 말은 긍정적이다
- 신체언어가 부정적이고, 말은 중립적이다

상대가 거짓말을 하는지 안 하는지 정확하게 입증하려면, 이 책에서 설명한 모든 징후와 신호를 적용할 줄 알아야 한다. 자칫 거짓말할 의도나 무언가를 숨길 의사가 전혀 없는 사람을 비난하는

진심은 감추고 본심은 읽어라

엄청난 실수를 할 수 있으므로 가급적 비언어적인 의사소통을 정확하게 해석할 수 있어야 한다.

이를 위해서는 많은 이론적인 준비와 연습이 필요한데, 사실상 이 기술을 습득했다고 해도 잊지 말아야 할 황금률이 있다. 즉, 상대가 하는 말과 그의 신체언어가 일치하지 않을 때, 우리가 믿어야 할 것은 그의 신체언어라는 것이다. 거짓말을 하지 않는 쪽은 언제나 신체언어다.

"신체언어는
절대 거짓말을 하지 않는다!"

그가 하는 말이 거짓말인지 아닌지를 확인할 때 가장 믿을 만한 건 웬만해서는 감추거나 왜곡하기 힘든 감정이 드러내는 신호다. 인간의 감정이 유발하는 물리적 표정은 의식으로 통제할 수 있는 영역이 아니기 때문이다. 그러나 이때도 해석은 신중해야 한다. 같은 표정이라도 거짓말이 아닌, 과도한 스트레스를 받고 있다는 신호일 수도 있어서다.

좀처럼 숨기기 어려운 신호에는 진땀, 빠른 호흡, 홍조, 눈물, 빠른 심장 박동, 미세표정 등이 있다. 미세표정과 관련된 정서는 변연계에 의해 직접 활성화되므로 숨기거나 억제하기가 어렵지만, 인간의 보편적인 7가지 기본 정서를 정확하게 반영하는 만큼 이를 제대로 포착할 수만 있다면 여러모로 유리할 것이다.

🗨 상대에게 'Yes'를 얻어내는 법

상대가 거짓말을 하거나 어떤 정보를 일부러 숨기거나 알려주지 않으려고 한다면, 사태가 이미 많이 틀어진 상태이니 사실상 좋은 관계를 회복하기 어렵다. 그러니 처음 만났을 때부터 진정한 소통이 이루어질 수 있는 긍정적 기반을 조성하는 것이 무엇보다 중요하다.

성공적인 의사결정을 하고 싶은가? 원만한 인간관계를 맺고 싶은가? 상대가 당신에게 긍정적인 반응을 해주길 원하는가? 그렇다면 다음 요소들을 기억하라.

- 상대의 신체언어를 유심히 살펴, 특히 처음 15분 동안 드러나는 그의 비언어적 행동을 그대로 따라해 보라. 상대는 금세 당신이 자기를 잘 이해하고 공감해준다고 생각해 당신이 하는 말과 행동을 긍정적으로 받아들일 것이다.
- 상대가 최종적으로 부정적인 결론에 이르지 않도록, 상대의 신체언어에 따라 빠르고 전향적으로 대응하라. 4~8장에서 다룬 제스처와 동작, 자세와 표정을 살펴보면 상대가 언제 당신의 의견에 거부감을 갖는지 알 수 있다.
- 상대의 신체언어와 반응이 비우호적이라고 해도, 그 사람이 자신의 의견을 확실히 말로 밝히지 않는 한 그 사람의 의견을 바꿀 수 있는 여지는 늘 있다. 그가 아직까지 자신의 생각과 감정을 말로 하지 않았다면, 생각을 바꿀 수 있도록 추가적인 설명이나 대안을 제시하라.

　　　　　　　진심은 감추고 본심은 읽어라

🗨 BLINK 대화 기법

앞에서 수없이 이야기했듯, 신체언어를 습득하면 상대의 진짜 기분을 제대로 파악할 수 있다. 이제는 대화에서 이런 귀중한 지식을 제대로 활용할 수 있는 방법을 배워야 한다. 당신이 상대에게 무언가에 관해 질문했을 때 그의 얼굴에 잠깐 스쳐간 반응에서 혐오를 뜻하는 미세표정을 발견했다고 해도, 상대의 감정을 완전히 알았다고 할 수는 없다. 다만 그러한 신호에 당신이 어떻게 반응하느냐에 따라 이후의 대화가 달라질 수 있다.

그가 싫어하는 기색을 보였다고 해서 "표정을 보니 맘에 안 들어 하는 거 같은데, 이유가 뭐죠?" 하며 따져 물을 수는 없지 않은가? 명확한 의미가 담긴 표정을 포착했다고 해서 대놓고 맞서는 건 좋은 생각이 아니다.

그렇다면, 이처럼 물어보기 힘든 문제에 대한 답은 어떻게 얻어내야 할까? 상대가 말로 하지 않은 정보를 어떻게 찾아내야 할까? 이를 위해, 개발한 것이 바로 BLINK 대화 기법이다. 줄여서 'BLINK'라고도 부르는데, BLINK는 '신체언어 해석 명명학 노하우Body Language Interpretations Nominology Know-how'의 줄임말이다. 우리가 이 기법을 개발한 것은 상대에게 직접 물어보지 않고도 필요한 정보를 얻기 위해서였다. 우호적인 협력 관계를 지속해나가는 것이 목표일 때, 상대가 난감해할 주제를 외교적인 방법으로 탐구하는 데 도움을 주기 위한 언어 전략 체계라고 할 수 있다.

BLINK는 특히 상대의 말과 몸짓이 일치하지 않는다는 것을 눈치 챘을 때나 물건의 적정 가격을 논의해야 할 때처럼 중요한 순간에 특히 유용하다. 또한 BLINK는 자칫 반발을 일으킬 수 있는 질문을 하지 않고도 상대에 대해 많은 것을 알 수 있게 해주므로, 해석이 확실하지 않은 상황에 큰 도움이 된다. BLINK의 진가를 가장 제대로 체감할 수 있는 사람은 영업사원들을 상대하는 영업부장들이다. 그들의 문제는 자기 옆자리에 영업사원이 앉으면 그의 얼굴을 절반밖에 볼 수 없다는 것이다. 그래서 영업사원들의 얼굴에 스쳐가는 경멸 혹은 행복을 의미하는 미세표정을 알아볼 수 없다. 옆자리에서는 행복한 미세표정도 경멸감을 드러내는 것처럼 보인다. 이럴 때 BLINK를 활용하면, 정확히 어떤 감정을 느끼고 있는지 쉽게 알아낼 수 있다.

"구체적인 질문을 하지 않아도 신체언어를 살펴보면 답을 알아낼 수 있다."

BLINK의 기본 원리는 상대에게서 특정 정서적 반응을 유발할 수 있는 말을 공식화하는 것이다. 그렇게 하면 상대의 신체언어에서 필요한 답을 찾아낼 수 있다.

예를 들어, 구직자가 원하는 연봉이 얼마인지 알고 싶다면, 그에게 직접 묻기보다는(그 사람은 이런 질문에 대해 준비해둔 답이 있을 것이다), 그가 관심을 갖고 있는 직종의 표준 연봉이 얼마인지 알려준

진심은 감추고 본심은 읽어라

다음 그 사람의 반응을 살핀다. 이러한 방법으로 당신의 이야기를 공식화한다면, 상대는 자신이 기대하는 연봉이 당신이 말한 금액보다 높은지 낮은지 그의 신체언어로 알려줄 것이다.

이러한 기법이 위력을 발휘할 수 있는 건, 인간이 대개 어떤 말을 들었을 때 그에 대한 동의 여부를 무의식적으로 자신의 신체언어를 통해 드러내기 때문이다. 말은 미리 의식적으로 준비할 수 있기 때문에 거짓말을 할 수도 있고, 순간적으로 주요 정보를 감추기도 쉽다. 그러나 다른 사람으로부터 어떤 정보를 들었을 때는 그러기가 쉽지 않다. 상대가 신체언어에 관한 전문가라면 특히 어렵지 않겠는가?

이제는 '전문가를 위한 신체언어'라는 매혹적인 세계에 발을 들여놓을 차례다. 우리는 종종 눈으로 본 것만으로 필요한 정보를 모두 얻을 수 없는 상황에 처한다. 상대가 취하지 않은 제스처나 혹은 그가 취한 제스처에서, 미처 발견하지 못한 것에 아주 귀중한 정보가 포함될 때도 많다. 바로 거기에, 상대의 감정에 관한 많은 힌트가 담겨 있을 수 있다.

"눈으로 본 것뿐 아니라 미처 보지 못한 것에도 필요한 정보가 있다."

이와 같은 대화 기법은 상품 판매에 관한 논의나 계약 혹은 협상 같은 다양한 업무 환경에서 유용하게 활용할 수 있다. 예를 들어, 당신이 고객에서 상품을 팔려고 한다 하자. 이때 이 BLINK를 활용하면 굳이 상품의 여러 장점을 열거한 다음 고객에게 어떤 것을 가장 중시하는지 물어볼 필요가 없다. 그저 상품의 장점들을 간단히 요약하면서 각 장점을 하나씩 입에 올릴 때 상대의 신체언어가 어떤 반응을 보이는지 세심하게 살피면 된다. 그렇게 하면 이제 어디에 초점을 맞추고 어떤 주장을 내세우면 될지 파악할 수 있으니 고객을 설득할 수 있는 기회를 극대화할 수 있다.

기본 규칙이 적지는 않지만, 열심히 익히고 연습하면 상대가 눈치 채지 못하게 필요한 정보를 얻어낼 수 있다. BLINK 대화 기법을 제대로 활용하면 긍정적인 토론 분위기를 조성하는 데도 도움이 될 것이다. 굳이 상대가 난감해할 질문을 하지 않으면서도, 상대를 이해하고 그와 공감하고 있다는 인상을 줄 수 있기 때문이다.

BLINK의 위력을 체험할 수 있는 첫 번째 연습으로, 당신이 이번 주에 하고 싶은 것의 목록을 정리해 연인에게 제시해보길 추천한다. 질문할 필요도 없이, 몇 가지 통보만 하면 된다. 예를 들면, "이번 주에 같이 술 한잔하는 것도 좋고, 영화를 봐도 돼. 아니면 친구를 만나든가. 그냥 집에서 TV를 보는 것도 괜찮아." 당신이 이렇게만 말해도 상대는 신체언어를 통해 자신이 무엇을 하고 싶은지 당신에게 알려줄 것이다.

**"굳이 물어보지 않아도, 상대는 자신의 신체언어로
나에게 필요한 답을 알려준다."**

진심은 감추고 본심은 읽어라

턱 문지르기	생각 혹은 평가 중 (일반적으로, 눈이 위아래를 향하면 부정적, 눈이 한쪽으로 치우치는 곁눈질이면 긍정적)
눈꺼풀을 깔며, 입술에 검지 대기	방해 금지, 결정을 내리는 중
안경다리를 입에 갖다 대기	결심함
물건을 입으로 가져가기	불확실, 세부적인 내용 필요
손으로 피라미드 만들기	자신의 의견에 대한 확신
머리 뒤로 손	오만
몸을 앞으로 기울이기	관심 혹은 대결할 태세
팔짱 낀 채 머리 젖히기	거절, 부인
팔짱 낀 채 미소 지으며 고개 끄덕이기	대체로 긍정, 마음 숨김, 주저, 비꼼
몸과 발의 방향	특별히 관심을 두는 곳 암시
고개 끄덕이기	동의
한쪽 얼굴에 손 갖다 대기	관심
손으로 머리 괴기	지루함, 관심 없음

물건 정리하기	—	자리를 뜰 준비
팔걸이에 팔 걸치기	—	편안함
상의 개방하기	—	개방, 긍정적 감정
뒷목 문지르기	—	좌절, 미안
양쪽 검지로 권총 모양 만들기	—	공격
양손 비비기	—	속도가 느리지 않다면, 시행을 위한 워밍업
손으로 반대쪽 손등 두드리기	—	초조
엄지로 반대쪽 손바닥 문지르기	—	난감
양손을 느슨하게 포개기	—	거리 유지, 긴장 이완
양손으로 머리 붙잡기	—	부담스러운 정보
코끝 건드리기	—	초조, 스트레스
손으로 입 가리기	—	말하고 싶지 않음
물건을 이용해 시간 벌기	—	거리 유지
눈 비비기	—	보고 싶지 않음

진심은 감추고 본심은 읽어라

9장

성공적인
대화를 위한
연습

이 장에서 다룰 내용 🖎
_____

- 신체언어를 좀 더 정확하게 해석하는 법
- 신체언어 IQ 테스트

이번 장에서는 일상에서 벌어질 수 있는 상황을 예시로, 신체언어를 해석하는 연습을 해보려고 한다. 앞서 검토했던 제스처나 동작 그리고 자세, 표정이 담긴 내용을 그림으로 재현해보았다. 정답부터 보지 말고, 먼저 그림에 나타난 상황을 해석해보기 바란다. 연습 훈련 방법은 다음과 같다.

　먼저, 각 상황에서 포착한 인물들의 신체언어와 그에 대한 해석들을 기록할 메모지를 마련하라. 그리고 이 책에서 각 장이 끝날 때마다 독자를 위해 마련한 '요약'처럼, 메모지를 좌우로 나눈다. 그중 왼쪽에는 그림에서 관찰한 대상의 제스처와 동작, 자세, 표현을 적고, 오른쪽에는 이들 요소에 대한 해석을 적기 위해서다. 그다음 그림에 등장하는 대상의 손과 발, 팔과 다리, 표정 등을 상세하게 검토한 다음, 그 아래에 당신이 해석하고 판단한 결론을 적는다. 단, 인물의 신체언어를 해석을 할 때는 5가지 기본 원칙을 적용해야 한다는 걸 기억하자. 다음은 우리가 신체언어 교육생들에게 가르치는 'SCAN 법'이라고 부르는 해석법이다.

- **선별**Select : 해석이 필요한 신체언어의 여러 요소들을 하나씩 찾아내어 검토한다. 중립적으로 보이는 요소도 때로는 의미가 있다. 대상의 손과 발, 팔, 다리, 몸의 자세, 동작, 표정을 각각 확인한다.

- **조정**Calibrate : 1장에 나오는 신체언어 해석의 5가지 기본 원칙을 선별된 각각의 신체언어 요소에 적용한다. 다음 단계에 필요한 올바른 해석을 분석하고 선택하기 위한 조정 과정을 준비한다. 정황과 맞지 않는 해석은 버리고, 5가지 기본 원칙에 비추어 최종적으로 선별할 내용을 비판적으로 검토한다.

- **분석**Analyze : 정황에 적절하다고 판단하여 선택한 신체언어 요소에 대한 해석을 다시 검토한다. 이 책 각 장과 요약에 담긴 요소의 의미를 확인한다. 확인하다 보면 광범위하고 일반적인 해석도 가능하다는 걸 알게 될 것이다. 다만, 분석 단계에서는 그림에 드러난 특정 정황과 관련해서만 해석을 좁히도록 노력하라.

- **메모** Note : 신체언어에 관한 적절한 요소와 해석을 적은 다음, 당신이 내린 결론을 공식으로 만든다. 특히 초보자들은 다음 3가지 중요한 단계를 간과하기 쉽다. 정확한 결론에 도달하기 위해서는 두 부분으로 나뉜 지면의

진심은 감추고 본심은 읽어라

왼쪽에 신체언어 요소를 열거하고 오른쪽엔 해석을 적은 다음, 관련된 요소를 모두 검토한 후에만 결론을 적어야 한다. 자주 연습할수록 과정이 수월해지니 메모의 길이 역시 점점 짧아질 것이다.

처음에는 한 단계도 빠뜨리지 않는 것이 중요하다. 인물들의 사진이나 영상을 해석할 때는 시간적인 여유를 가지자. 비즈니스 대화에 SCAN 법을 적용하려면, 같은 페이지에 SCAN 표를 만들어 미팅의 여러 단계에서 포착한 것들을 메모하되, 각 신체언어 요소와 해석에 대해 한마디로 표현하는 게 좋다. 이렇게 하면 실제 미팅에서 오가는 말뿐 아니라, 의미 있는 비언어적 소통 방식 역시 기록할 수 있다. 처음엔 복잡하고 어려워 보여도 조금만 연습하면 상대를 보면서 거의 동시에 적을 수 있게 된다. 또 그렇게 계속 하다 보면, 따로 메모를 하지 않아도 두뇌가 저절로 SCAN 법을 적용하여 해석하기 시작할 것이다.

이 해석법은 간단히 사용할 수 있으면서도 매우 효과적이다. 충분히 연습한 뒤에 정확히 적용하면, 상대의 신체언어가 드러내는 모든 세부적인 내용을 금방 알 수 있고, 그래서 놀라울 정도로 정확한 결론에 도달할 수 있다.

이제 SCAN 법을 통해 다음의 상황을 해석해보라. 이에 대한 해석은 264페이지부터 담았다.

상황 1. 구직 인터뷰

Q. 왼쪽의 두 면접관 앞에서 오른쪽에 앉은 남자가 구직 인터뷰
  를 하는 중이다. 두 사람의 면접관 중에 누가 면접자를 추천
  할까?

진심은 감추고 본심은 읽어라

상황 2. 동료들 간의 대화

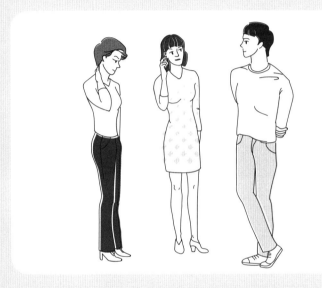

Q. 같은 회사에 다니고 있는 세 명의 동료가 대화를 나누고 있
는 장면이다. 대화가 잘 풀리는 것 같지 않다. 이를 어떻게
알 수 있는가? 상황을 바로잡을 수 있는 사람이 있다면 누구
일까?

상황 3. 상사와 부하

Q. 회사 복도에서 상사와 부하 직원들이 대화를 나누고 있다. 오른쪽에 서 있는 두 직원을 향해 상사가 왼쪽에서 다가와 섰다. 상사는 무언가가 마음에 들지 않는다. 이 장면에서 무엇을 추론할 수 있는가?

진심은 감추고 본심은 읽어라

상황 4. 협상 테이블

Q. 세 명의 남성이 협상 테이블에 앉아 있다. 오른쪽 남성은 영
   업사원으로 자신의 회사에서 개발한 제품을 판매하고자 한
   다. 테이블 위에 놓인 작은 박스가 그 제품이다. 영업사원의
   설명을 듣고 있는 왼쪽의 두 남성은 제품을 구매할지 말지 생
   각 중이다. 제안서를 받은 가장 왼쪽에 있는 남성은 어떤 결
   정을 내릴까? 거래가 성공할까? 영업사원은 어떻게 해야 거
   래를 성사시킬 수 있을까?

상황 1. 구직 인터뷰

	신체언어 요소	해석
오른쪽 남성	양손으로 피라미드 모양	자신감
	상체를 뒤로 젖힘	거리 유지
	한쪽 입꼬리만 올라감	경멸
왼쪽 남성	허리와 등을 곧게 세우고 있음	자신감
	양손을 모아 깍지	좌절
	오른쪽 눈썹만 올라감	불신
가운데 남성	얼굴 옆에 갖다 댄 손	관심을 가지고 평가

결론

오른쪽 남성은 피라미드를 만든 손이나 우월감을 내비치는 미소로 보아, 자신감에 차 있다. 왼쪽 남성은 좌절한 모습이 역력한 반면, 가운데 앉은 남성은 좀 더 긍정적이다. 왼쪽 남성이 사장이라면, 오른쪽 지원자가 일자리를 구할 확률은 없다. 가운데 남성이 사장이라면 오만한 태도에도 불구하고 오른쪽 지원자에게는 아직 희망이 조금 남아 있다.

상황 2. 동료들 간의 대화

	신체언어 요소		해석
왼쪽 여성	뒷목 어루만지기	—	좌절
	아래를 내려다보는 시선	—	관심 없음
가운데 여성	귀를 잡아당김	—	뭔가 하고 싶은 말이 있음
	몸이 오른쪽 남성을 향함	—	남성에게 주목
오른쪽 남성	등 뒤에서 한쪽 손으로 반대편 팔 잡기	—	좌절 억제
	다리 꼬기	—	폐쇄적인 태도
	몸을 돌림	—	관심이 딴 데 있음

결론

왼쪽 여성과 오른쪽 남성의 신체언어를 보면 대화가 잘 풀리지 않는 다는 것을 알 수 있다. 전반적으로 좌절된 분위기다. 다만 가운데 여성은 남성에게 할 말이 있는 것이 분명하다. 어쩌면 그것으로 상황이 호전될지도 모른다.

상황 3. 상사와 부하

	신체언어 요소		해석
왼쪽 남성	공을 잡은 듯한 손	—	방어
	눈썹이 내려오고, 이마는 찌푸려짐	—	자신감
	앞으로 기울어진 상체	—	분노
	오른쪽 남성을 향한 몸	—	분노의 대상 암시, 분노의 강도가 세어짐
가운데 여성	팔짱과 시선 방향	—	왼쪽 남성에게 집중
	손으로 팔의 윗부분 쥐어짜기	—	동의하지 않음
오른쪽 남성	호주머니에 손 넣기	—	억제된 분노
	위로 올라간 눈썹과, 찌푸려진 이마	—	놀람
	뒤로 젖힌 몸	—	놀람과 방어

결론

왼쪽 남성은 화가 난 상황이다. 오른쪽 남성이 원인인 것 같다. 가운데 있는 여성은 왼쪽 남성의 말에 전혀 동의하지 않고 있으며, 그의 공격적인 태도에 거부감을 갖고 있다. 오른쪽 남성은 왼쪽 남성의 행동에 놀라서 방어 중이다.

진심은 감추고 본심은 읽어라

상황 4. 협상 테이블

	신체언어 요소		해석
오른쪽 남성	코끝 만지기	—	초조
	입술이 긴장돼 당겨짐	—	두려움
가운데 남성	시선 피하기	—	관심 이탈
	목 긁적이기	—	가벼운 좌절
	몸이 정면을 향함	—	오른쪽 남성에게는 용무가 없음
왼쪽 남성	서류에 손 내려놓기	—	서류 내용에 대한 반응
	손으로 턱 문지르기	—	생각 중
	살짝 머리를 숙여 눈에 흰자위가 많이 보임	—	부정적 판단
	상체를 뒤로 젖혀 기대기	—	관심 부족

결론

오른쪽에 앉은 영업사원은 어쩐지 고객이 잘 설득되지 않는 것 같아 무척 초조하다. 그가 거짓말을 했는지 아닌지는 확실하지 않지만, 제품을 설명하는 그의 방식에 뭔가 문제가 있는 것 같다. 왼쪽에 있는 잠재적 구매자는 상황을 다소 부정적으로 보며, 앞에 놓인 제품을 탐탁지 않게 여기는 것 같다. 가운데 남성은 이 상황과 거리를 두고 있지만, 왼쪽 남성만큼 부정적인 반응은 보이지 않는다. 가운데 남성은 여전히 생각 중이고, 왼쪽 남성은 이미 결정을 했지만 아직 표현을 하지 않고 있다. 따라서 결정권을 가진 쪽이 왼쪽 남성이라면, 영업사원은 실패한 것이나 다름없다. 하지만 가운데 남성이 결정권을 가졌다면, 영업사원에게는 아직 기회가 남아 있다. 물론 그리 희망적인 건 아니다.

감사의 말

이 책은 우리가 20년 넘게 인간의 신체언어에 기울인 열정과 수년 동안 비언어적 소통 분야에서 닦은 수련의 결과물이다. 책을 집필하기까지 많은 사람이 우리에게 소중한 피드백을 주었다. 우선 전 세계 곳곳에서 탁월한 성과를 올리며 활약하고 있는 신체언어 센터Centre for Body Language의 1,000명이 넘는 공인 트레이너들에게 감사하다는 말을 전한다. 이들은 여러 해 동안 우리가 개발한 기법을 활용하여 인간의 신체언어를 읽는 우리만의 방식을 널리 확산시키는 데 공헌해왔다.

아울러 전 세계 곳곳에서 우리에게 힘을 실어주는 파트너들에게도 감사하다. 포르투갈의 안토니오 사카벰Antonio Sacavem과 안나 사카벰Ana Sacavem, 중동 및 북아프리카 지역의 후삼 알-에이드Husam Al-Eid, 스페인의 호세 마누엘 지메네스Jose Manuel Jimenez와 발디리 폰스Baldiri Pons, 컬럼비아의 레오폴도 우프림니Leopoldo Uprimny, 아르헨티나의 라우라 유스티치아Laura Justicia, 파나마의 후안 카를로스 가

268   진심은 감추고 본심은 읽어라

르시아Juan Carlos Garcia, 스위스의 카롤리네 마테우치Caroline Matteucci, 터키의 세르칸 툰치Serkan Tunc, 파키스탄의 무하마드 알리Muhammad Ali, 이탈리아의 로베르토 미카렐리Roberto Micarelli, 네덜란드의 에디 판더비어Eddy Vandeweyer와 제스 야하나싱Jazz Jagarnathsingh, 벨기에의 다나 케텔스Dana Ketels와 소피-안 브라케Sofie-Ann Bracke, 홍콩의 밀스 윙Mills Wong 등이 그들이다.

책이 나오는 데 흥미로운 아이디어를 제공해준 친구들은 물론 소중한 피드백을 준 파트너와 교육 참석자들, 그 밖에 신체언어 센터의 아이디어를 널리 소개해준 분들에게도 큰 빚을 졌다. 여기에 그들의 이름을 밝힌다. 낸시 드 본테Nancy De Bonte, 안 디클러크An Declercq, 피터 세렌스Peter Saerens, 앤 반 덴 베긴Ann Van Den Begin, 아네미 잰센Annemie Janssens, 셀린 드 크롬브뤼게Celine de Crombrugghe, 마이클 치안케티Michael Cianchetti, 돈 웰스Don Wells, 기어트 반 데 벨데Geert Van de Velde, 캐롤라이나 셰펜카프스카Karolina Szczepankowska, 막달레나 다브로프스카Magdalena Dabrowska, 사스키아 스멧Saskia Smet, 마리-로즈 멘스Marie-Rose Mens, 패트릭 애들러Patrick Adler, 수전 오커스Susan Ockers, 케빈 드 스멧Kevin de Smet, 장-루이 드 아스키Jean-Louis de Hasque, 톰 커리넌Tom Coreynen, 톰 반 디스트Tom Van Diest, 더크 버먼트Dirk Vermant, 로빈 비세네켄스Robin Vissenaekens, 힐데 페나일렌Hilde Vernaillen, 맷 루센Matt Roosen, 카리네 카펠레Carine Cappelle, 귀도 포페Guido Poffe, 롤랑 뒤샤텔레Roland Duchatelet, 빔 훼크만Wim Hoeckman, 바트 판 코페놀레Bart Van Coppenolle, 칼 라츠Karl Raats, 로이 마티나Roy

Martina, 파스칼 반 담Pascale Van Damme, 로빈 비세네켄스Robin Vissenaekens, 엠마누엘 모트리에Emmanuel Mottrie, 지나 드 그루트Gina De Groote, 바트 로스Bart Loos, 가이 베레키Guy Vereecke, 프리티호프 크룬Frietjhof Croon, 발터 반 고르프Walter Van Gorp, 에릭 드 브리슈Eric de Vries, 요스 토이티슨Jos Theunissen, 요한 슈프뤼트Johan Spruyt, 리처드 배럿Richard Barrett, 브루노 데스멧Bruno Desmet, 빔 훼크만Wim Hoeckman, 그렉 S. 리드Greg S. Reid, 글레나 트라우트Glenna Trout, 더크 버먼트Dirk Vermant, 롤랑 뒤샤텔레Roland Duchatelet, 앨런 코엔Alan Cohen.

이 책에 실린 과학 및 학술 정보는 150여 년에 걸친 신체언어에 관한 연구 결과물에서 찾았다. 오랜 세월에 걸쳐 수많은 교수와 과학자 들이 공을 들인 많은 논문과 축적된 지식에 대한 해석이 이 책을 쓰는 데 큰 도움이 되었다. 이 점에서 다음 분들에게 진심어린 감사를 표하고 싶다. 기욤 뒤셴, 찰스 다윈, 로버트 플러칙, 캐롤 이자드Carroll Izard, 로버트 로젠탈, 크리스 클레인키, 로버트 골드버그Robert Goldberg, 에드워드 홀Edward Hall, 제러드 니렌버그, 헨리 칼레로, 데즈먼드 모리스, 폴 에크먼, 월리스 프리센, 앨런 피즈Alan Pease, 에커드 헤스, 마크 냅, 주디 버군, 마이클 아가일, 댄 오헤어, 배리 슐렝커Barry Schlenker, 랄프 엑슬린Ralph Exline 등이 그분들이다.

마지막으로 동료들과 회원 여러분에게 감사드린다. 신체언어와 비언어적 소통에 관한 아이디어와 정보를 기꺼이 교환해준 덕분에 우리는 여러 해 동안 왕성한 활동을 해나갈 수 있었다.

특히 캐롤 킨제이 거먼Carol Kinsey Goman, 마크 보덴Mark Bowden, 비

진심은 감추고 본심은 읽어라

벌리 플랙싱턴Beverly Flaxington, 르니트 무소Renate Mousseux, 이언 트루델Ian Trudel, 엘리자베스 쿤키Elizabeth Kuhnke, 마크 맥클리시Mark McClish, 도미니카 메이슨Dominika Maison, 로버트 핍스Robert Phipps, 그렉 윌리엄스Greg Williams, 헨릭 펙시우스Henrik Fexeus, 조 나바로Joe Navarro, 릭 커슈너Rick Kirschner 등에게 따로 고마운 마음을 전한다.

참고문헌

Aboyoun, D. C., Dabbs, J. M. (1998). "The Hess Pupil Dilation Findings: Sex or Novelty?" *Social Behavior & Personality* 26(4), 415–419.

Ambady, N., Skowronski, J. J. (2008). *First Impressions*. New York: Guilford Press.

Argyle, M. (1988). *Bodily Communication*. London: Methuen.

Bach, L. (1908). *Pupillenlehre. Anatomie, Physiologie und Pathologie. Methodik der ntersuching*. Berlin: Karger.

Barber, C. (1964). *The Story of Language*. London: Pan Books.

Barton, K., Fugelsang, J., and Smilek, D. (2009). "Inhibiting Beliefs Demands Attention." *Thinking and Reasoning* 15(3), 250–267.

Beebe, S. A. (1979). *Nonverbal Communication in Business: Principles and Applications*.

Bernstein M. J., Young, S. G., Brown, C. M., Sacco D. F., and Claypool, H. M. (1998). "Adaptive Responses to Social Exclusion: Social Rejection Improves Detection of Real and Fake Smiles." *Psychological Science* 19(10), 981–983.

Bernstein M. J., Sacco D. F., Brown, C. M., Young, S. G., and Claypool, H. M. (2010). "A Preference for Genuine Smiles Following Social Exclusion." *Journal of Experimental Social Psychology* 46, 196–199.

Blahna, L. (1975). *A Survey of Research on Sex Differences in Nonverbal Communication*. Speech Communication Association.

Bovee, C. L., Thill, J. V., and Schatzman, B. E. (2003). *Business Communication Today* (7th ed.). New Jersey: Prentice Hall.

Buck, R. (1984). *The Communication of Emotion*. New York: Guilford Press.

Burgoon, J. K., Manusov, V., Mineo, P., Hale, J. L. (1985). "Effects of Gaze on Hiring, Credibility, Attraction and Relational Message Interpretation." *Journal of*

진심은 감추고 본심은 읽어라

Nonverbal Behavior 9(3), 133–146.

Calero, H. H. (2005). *The Power of Nonverbal Communication*. Los Angeles: Silver Lake.

Caputo, J. S., Hazel, H. C., McMahon, C., and Darnels, D. (2002). *Communicating Effectively: Linking Thought and Expression*. Dubuque, Iowa: Kandall-Hunt Publishing.

Carney, D., Cuddy, A. J. C., and Yap, A. (2010). "Power Posing: Brief Nonverbal Displays Affect Neuroendocrine Levels and Risk Tolerance." *Psychological Science* 21(10), 1363–1368.

Chaney, R. H., Linzmayer, L., Grunberger, M., and Saletu, B. (1989). "Pupillary Responses in Recognizing Awareness in Persons with Profound Mental Retardation." *Perceptual & Motor Skills* 69, 523–528.

Cody, M., and O'Hair, D. (1983). "Nonverbal Communication and Deception: Differences in Deception Cues Due to Gender and Communication Dominance." *Communication Monographs* 50, 175–192.

Coker, D. A., and Burgoon, J. K. (1987). "The Nature of Conversational Involvement and Nonverbal Encoding Patterns." *Human Communication Research* 13, 463–494.

Collier, G. (1985). *Emotional Expression*. Hillsdale: Lawrence Erlbaum Associates.

Cuddy, A. J. C., Glick, P., and Beninger, A. (2011). "The Dynamics of Warmth and Competence Judgments, and Their Outcomes in Organizations." *Research in Organizational Behavior* 31, 73–98.

Darwin, C. (1872/1965). *The Expression of the Emotions in Man and Animals*. Chicago: University of Chicago Press.

Davidson, R. J., Scherer, K. R., and Goldsmith, H. H. (2009). *Handbook of Affective Sciences*. New York: Oxford University Press.

Davitz, J. R. (1964). *The Communication of Emotional Meaning*. New York: McGraw-Hill.

DePaulo, B.M., Friedman H. S. (1998). "Nonverbal Communication." In D. Gilbert, S. T. Fiske, and G. Lindzey, eds., *Handbook of Social Psychology* (4th ed.). New York: Random House, 3–40.

Devito, A. J. (2009). *Human Communication*. Boston: Pearson Education.

Di Leo, J. H. (1977). *Child Development: Analysis and Synthesis*. New York:

Brunner/Mazel.

Duchenne de Boulogne, C. B. (1862/1990). *The Mechanism of Human Facial Expression*. Cambridge: Cambridge University Press.

Eastwood, J. D., and Smilek, D. (2005). "Functional Consequences of Perceiving Facial Expressions of Emotion Without Awareness." *Consciousness and Cognition* 14(3), 565–584.

Eastwood, J. D., Smilek, D., and Merikle, P.M. (2003). "Negative Facial Expression Captures Attention and Disrupts Performance." *Perception & Psychophysics* 65(3), 352–358.

Ekman, P., Friesen, W. V., and Ellsworth, P. (1972). *Emotions in the Human Face: Guidelines for Research and an Integration of Findings*. New York: Pergamon Press.

Ekman, P. E., Rosenberg, E. L. (1997). *What the Face Reveals; Basic and Applied Studies of Spontaneous Expression Using the Facial Action Coding System*. New York: Oxford University Press.

Exline, R. V., Ellyson, S. L., and Long, B. (1975). "Visual Behavior as an Aspect of Power Role Relationships." In Pliner, Krames, and Alloway (eds.) *Advance*. New York: Plenum, 21–52.

Fast, J. (1991). *Body Language in the Work Place*. New York: Penguin Books.

Feldman, R. S., Rimei, B. (1991). *Fundamentals of Nonverbal Behavior*. Cambridge: Cambridge University Press.

Forbes, R. J., Jackson, P. R. (1980). "Non-verbal Behavior and the Outcome of Selection Interviews." *Journal of Occupational Psychology* 53, 65–72.

Fretz, B. R., Corn, R., Tuemmler, J. M., and Bellet, W. (1979). "Counselor Nonverbal Behaviors and Client Evaluations." *Journal of Counselling Psychology* 26, 304–343.

Friedman, D., Hakerem, G., Sutton, S., and Fleiss, J. L. (1973). "Effect of Stimulus Uncertainty on the Pupillary Dilation Response and the Vertex Evoked Potential." *Electroencephalography and Clinical Neurophysiology* 34, 475–484.

Friedman, H. S., Riggio, R. E. and Casella, D. F. (1988). "Nonverbal Skill, Personal Charisma, and Initial Attraction." *Personality and Social Psychology Bulletin* 74(14), 203–211.

Gilbert, D. T., Fiske, S. T. and Lindzey, G. *The Handbook of Social Psychology* (4th ed., vol. 2). New York: McGraw-Hill, 504–553.

Given, D. B. (2002). *The Nonverbal Dictionary of Gestures, Signs and Body Language Cues*. Washington: Center for Nonverbal Studies Press.

Goode, E. E., Schrof, J. M., and Burke, S. (1998). "Where Emotions Come From." *Psychology* 97/98(62), 54–60.

Goldberg, S., Rosenthal, R. (1986). "Self-touching Behavior in the Job Interview: Antecedents and Consequences." *Journal of Nonverbal Behavior* 10(1), 65–80.

Gunnery, S., Hall, J., and Ruben, M. (2012). "The Deliberate Duchenne Smile: Individual Differences in Expressive Control." *Journal of Nonverbal Behavior*. DOI: 10.1007/s10919-012-0139-4.

Haggard, E. A. and Isaacs, K. S. (1966). "Micro-momentary Facial Expressions as Indicators of Ego Mechanisms in Psychotherapy." In L. A. Gottschalk and A. H. Auerbach (eds.), *Methods of Research in Psychotherapy*. New York: Appleton-Century-Crofts, 154–165.

Hall, E. T. (1973). *The Silent Language*. New York: Anchor.

Hall, E. T. (1976). *The Hidden Dimension*. New York: Doubleday.

Harper, D. (2002). "Talking About Pictures: A Case for Photo Elicitation." *Visual Studies* 17(1), 13–26.

Hertenstein, M. J., Hansel, C. A., Butts A. M., and Hile S. N. (2009). "Smile Intensity in Photographs Predicts Divorce Later in Life." *Motivation and Emotion* 33(2), 99–105.

Hess, E. H. (1964). "Attitude and Pupil Size." *Scientific American* 212, 46–54.

Hess, E. H. (1975). *The Tell-tale Eye: How Your Eyes Reveal Hidden Thoughts and Emotions*. New York: Van Nostrand Reinhold Co.

Hess, E. H., and Polt, J. M. (1960). "Pupil Size as Related to Interest Value of Visual Stimuli." *Science* 132, 349–350.

Hess, E. H., Seltzer, A. L., and Shlien, J. M. (1965). "Pupil Response of Hetero- and Homosexual Males to Pictures of Men and Women: A Pilot Study." *Journal of Abnormal Psychology* 70(3), 165–168.

Hess, U., Kleck, R. (1997). "Differentiating Emotion Elicited and Deliberate Emotional Facial Expressions." *Series in Affective Science*, 271–288.

Hodgins, H., Koestner, R. (1993). "The Origins of Nonverbal Sensitivity." *Personality and Social Psychology Bulletin* 19, 466–473.

Hybels, S., and Weaver, R. L. (2004). *Communicating Effectively*. New York: McGraw-Hill.

Ivy, D. K., and Wahl, S. T. (2008). *The Nonverbal Self: Communication for a Lifetime*. Boston: Allyn & Bacon.

Izard, C. E. (1971). *The Face of Emotion*. East Norwalk, CT: Appleton-Century-Crofts.

Izard, C. E. (1977). *Human Emotions*. New York: Plenum.

Jellison, J. M. (1977). *I'm Sorry, I Didn't Mean To, and Other Lies We Love to Tell*. New York: Chatham Square Press.

Keltner, D., and Bonanno, G. (1997). "A Study of Laughter and Dissociation: Distinct Correlates of Laughter and Smiling During Bereavement." *Journal of Personality and Social Psychology* 73(4), 687–702.

Kleinke, C. L. (1977). "Compliance to Requests Made By Gazing and Touching Experimenters in Field Settings." *Journal of Experimental Social Psychology* 13(3), 218–223.

Knapp, M. L. (1972; 1978). *Nonverbal Communication in Human Interaction*. New York: Holt, Rinehart & Winston.

Knapp, M. L., Hart, R. P., Friedrich, G. W. and Shulma, G. M. (1973). "The Rhetoric of Goodbye: Verbal and Nonverbal Correlates of Human Leave-taking." *Speech Monographs* 40, 182–198.

Kraut, R. E., and Johnston R. E. (1979). "Social and Emotional Messages of Smiling: An Ethological Approach." *Journal of Personality and Social Psychology* 37(9), 1539–1553.

Landis, C. (1924). "Studies of Emotional Reactions II. General Behavior and Facial Expression." *Journal of Comparative Psychology* 4, 447–509.

Levine, A., and Schilder, P. (1942). "The Catatonic Pupil." *The Journal of Nervous and Mental Disease* 96, 1–12.

Littlefield, R. S. (1983). *Competitive Live Discussion: The Effective Use of Nonverbal Cues*. Washington, D.C.: Distributed by ERIC Clearinghouse.

Lock, A. (1993). "Human Language Development and Object Manipulation." In Gibson, K. R. and Ingold, T. (eds.), *Tools, Language, and Cognition in Human Evolution*. Cambridge: Cambridge University Press, 279–310.

Macneilage, P., and Davis, B. (2000). *Evolution of Speech: The Relation Between*

진심은 감추고 본심은 읽어라

Ontogeny and Phylogeny. Cambridge: Cambridge University Press.

Major, B., Schmidlin, A.M., and Williams, L. (1990). "Gender Patterns in Social Touch: The Impact of Setting and Age." *Journal of Personality and Social Psychology* 58, 634–643.

Mann, S., Vrij, A., Nasholm, E., Warmelink, L., Leal, S., and Forrester, D. (2012). "The Direction of Deception: Neuro-linguistic Programming as a Lie Detection Tool." *Journal of Police and Criminal Psychology* 27.

Manusov, V., and Patterson, M., eds. (2006). *The SAGE Handbook of Nonverbal Communication*. Thousand Oaks, CA: Sage Publications.

Mast, M. S., and Hall, J. (2004). "Who Is the Boss and Who Is Not? Accuracy of Judging Status." *Journal of Nonverbal Behavior* 28, 145–165.

McBrearty, S. and Brooks, A. S. (2000). "The Revolution That Wasn't: A New Interpretation of the Origin of Modern Human Behavior." *Journal of Human Evolution* 39, 453–563.

McNeill, D. (2005). *Gesture and Thought*. Chicago: University Of Chicago Press.

McNeill, D., Bertenthal, B., Cole, J., and Gallagher, S. (2005). "Gesture-first, but No Gestures?" *Behavioral and Brain Sciences* 28(2), 138–139.

Mehrabian, A. (1981). *Silent Messages*. Belmont, CA: Wadsworth.

Montepare, J., Koff, E., Zaitchik, D., and Albert, M. (1999). "The Use of Body Movements and Gestures as Cues to Emotions in Younger and Older Adults." *Journal of Nonverbal Behavior* 23, 133–152.

Morris, D., Collett, P., Marsh, P., and O'Shaughnessy, M. (1980). *Gestures: Their Origins and Distribution*. New York: Scarborough.

Nespoulous, J., and Lecours, A. R. (1986). "Gestures: Nature and Function." In J. Nespoulous, P. Perron, and A. R. Lecours (eds.), *Biological Foundations of Gestures: Motor and Semiotic Aspects*. Hillsdale, New Jersey: Lawrence Erlbaum Associates, 49–62.

Neuliep, J. W. (2009). *Intercultural Communication: A Contextual Approach*. Los Angeles: Sage.

Nierenberg, G. I., and Calero, H. H. (2001). *How to Read a Person Like a Book*. New York: Pocket Books.

O'Doherty, J., Winston, J., Critchley, H., Perrett, D., Burt, D. M., and Dolan R. J. (2003). "Beauty in a Smile: The Role of Medial Orbitofrontal Cortex in Facial

Attractiveness." *Neuropsychologica* 41(2), 147–155.

O'Hair, D., Cody, M., and McLaughlin, M. (1981). "Prepared Lies, Spontaneous Lies, Machiavellianism, and Nonverbal Communication." *Human Communication Research* 7, 325–339.

Pease, A. (1997). *Body Language: How to Read Other's Thoughts by Their Gestures.* Hampshire, UK: Sheldon Press.

Pease, A., Bease, B. (2004). *The Definite Book of Body Language.* Buderim, Australia: Pease International.

Peters, S. (2012). *The Chimp Paradox: The Acclaimed Mind Management Programme to Help You Achieve Success, Confidence and Happiness.* London: Ebury Publishing.

Plutchik, R. (1980). "A General Psychoevolutionary Theory of Emotion." In R. Plutchik and H. Kellerman (eds.), *Emotion: Theory, Research, and Experience: Vol. 1. Theories of Emotion.* New York: Academic Press, 3–33

Remland, M. S., and Jones, T. S. (1989). "The Effects of Nonverbal Involvement and Communication Apprehension on State Anxiety, Interpersonal Attraction, and Speech Duration." *Communication Quarterly* 37, 170–183.

Richmond, V., McCroskey, J., and Payne, S. (1987). *Nonverbal Behavior in Interpersonal Relationships.* Englewood Cliffs, NJ: Prentice Hall.

Rosenthal R., Hall J. A., DiMatteo, M. R., Rogers, P. L., and Archer, D. (1979). *Sensitivity to Nonverbal Communication: The PONS Test.* Baltimore: Johns Hopkins University Press.

Ruback, R. B., and Hopper, C. H. (1986). "Decision Making by Parole Interviewers: The Effect of Case and Interview Factors." *Law and Human Behavior* 10, 203–214.

Schepartz, L. A. (1993). "Language and Modern Human Origins." *Yearbook of Physical Anthropology* 33, 91–126.

Scher, S., and Rauscher, M. (2003). *Evolutionary Psychology: Alternative Approaches.* New York: Kluwer Press, 2003.

Schlenker, B. R. (1975). "Self-presentation: Managing the Impression Consistency When Reality Interferes with Self-enhancement." *Journal of Personality and Social Psychology* 32, 1030–1037.

Siegman, A. W., and Feldstein, S. (2002). *Nonverbal Behavior and Communication.*

진심은 감추고 본심은 읽어라

Hillsdale, NJ: Erlbaum.

Smilek, D., Eastwood, J. D., Reynolds, M. G., and Kingstone, A. (2007). "Metacognitive Errors in Change Detection: Missing the Gap Between Lab and Life." *Consciousness and Cognition* 16(1), 52–57.

Thill, V. J., and Bovee, L. C. (1999). *Excellence in Business Communication*. New Jersey: Prentice Hall.

Turner, W., and Ortony, A. (1990) "What's Basic about Basic Emotions?" *Psychological Review* 97, 315–331.

Ulbaek, I. (1998). "The Origin of Language and Cognition," (pp. 30–43). In J. R. Hurford, M. Studdert-Kennedy, and C. Knight (eds.), *Approaches to the Evolution of Language*. Cambridge: Cambridge University Press, 30–43.

Wainwright, G. (2003). *Teach Yourself Body Language*. London: Hodder Headline.

Wallace, R. (1989). "Cognitive Mapping and the Origins of Language and Mind." *Current Anthropology* 30, 518–526.

Warmelink, L., Vrij, A., Mann, S., Leal, S., and Poletiek, F. (2011). "The Effects of Unexpected Questions on Detecting Familiar and Unfamiliar Lies." *Psychiatry, Psychology and Law*, 1–7.

Wezowski, K. and Wezowski, P. (2012). *The Micro Expressions Book for Business*. Antwerp: New Vision.

Wezowsk, K. and Wezowski, P. (2012). *How to Reduce Stress with the Emotional Management Method*. Antwerp: New Vision.

Wood, B. S. (1976). *Children and Communication: Verbal and Nonverbal Language Development*. New Jersey: Prentice-Hall.

Yuki, M., Maddux, W. W., and Masuda, T. (2007) "Are the Windows to the Soul the Same in the East and West? Cultural Differences in Using the Eyes and Mouth as Cues to Recognize Emotions in Japan and the United States." *Journal of Experimental Social Psychology* 43, 303–311.

Zuckerman, M., DePaulo, B. M., and Rosenthal, R. (1981). "Verbal and Nonverbal Communication of Deception." In L. Berkowitz (ed.), *Advances in Experimental Social Psychology*, vol. 14. San Diego, CA: Academic Press, 1–59.

진심은 감추고
본심은 읽어라

1판 1쇄 발행 2019년 7월 17일
1판 2쇄 발행 2019년 8월 14일

지은이 카시아 베조스키, 패트릭 베조스키
옮긴이 이경남

발행인 양원석
편집장 김효선
책임편집 박나미
디자인 RHK 디자인팀 남미현, 김미선
해외저작권 최푸름
제작 문태일, 안성현
영업마케팅 최창규, 김용환, 윤우성, 양정길, 이은혜, 신우섭,
           조아라, 유가형, 김유정, 임도진, 정문희, 신예은

펴낸 곳 ㈜알에이치코리아
주소 서울시 금천구 가산디지털2로 53, 20층 (가산동, 한라시그마밸리)
편집문의 02-6443-8865   구입문의 02-6443-8838   홈페이지 http://rhk.co.kr
등록 2004년 1월 15일 제2-3726호

ISBN 978-89-255-6698-6 (03190)